예수님이 오셔서 죽으신 50가지 이유

Fifty Reasons Why Jesus Came to Die
by John Piper

Formerly published as *The Passion of Jesus Christ*
Copyright © 2006 by Desiring God Foundation
Published by Crossway, a publishing ministry of Good News Publishers
Wheaton, Illinois 60187, U.S.A.

This Korean edition copyright © 2024 by Word of Life Press, Seoul, Republic of Korea.
Published by arrangement with Crossway through rMaeng2, Seoul, Republic of Korea.
All rights reserved.

이 한국어판의 저작권은 알맹2를 통하여 Crossway와 독점 계약한 생명의말씀사에 있습니다.
신저작권법에 의하여 한국 내에서 보호받는 저작물이므로 무단전재와 무단복제를 금합니다.

[일러두기] 본서는 『더 패션 오브 지저스 크라이스트』(규장, 2004)를 새롭게 번역·출간한 것입니다.

예수님이 오셔서 죽으신 50가지 이유

© 생명의말씀사 2024

2024년 2월 15일 1판 1쇄 발행
2024년 3월 15일   2쇄 발행

펴낸이 | 김창영
펴낸곳 | 생명의말씀사

등록 | 1962. 1. 10. No.300-1962-1
주소 | 서울시 종로구 경희궁1길 6 (03176)
전화 | 02)738-6555(본사) · 02)3159-7979(영업)
팩스 | 02)739-3824(본사) · 080-022-8585(영업)

기획편집 | 유영란, 허윤희
디자인 | 조현진
인쇄 | 영진문원
제본 | 다온바인텍

ISBN 978-89-04-16863-7 (03230)

저작권자의 허락 없이 이 책의 일부 또는 전체를
무단 복제, 전재, 발췌하면 저작권법에 의해 처벌을 받습니다.

예수님이 오셔서 죽으신 50가지 이유

존 파이퍼 지음
전의우 옮김

생명의말씀사

3 그는 멸시를 받아 사람들에게 버림 받았으며 간고를 많이 겪었으며 질고를 아는 자라…
4 그는 실로 우리의 질고를 지고 우리의 슬픔을 당하였거늘 우리는 생각하기를 그는 징벌을 받아 하나님께 맞으며 고난을 당한다 하였노라
5 그가 찔림은 우리의 허물 때문이요 그가 상함은 우리의 죄악 때문이라 그가 징계를 받으므로 우리는 평화를 누리고 그가 채찍에 맞으므로 우리는 나음을 받았도다
6 우리는 다 양 같아서 그릇 행하여 각기 제 길로 갔거늘 여호와께서는 우리 모두의 죄악을 그에게 담당시키셨도다
7 그가 곤욕을 당하여 괴로울 때에도 그의 입을 열지 아니하였음이여 마치 도수장으로 끌려 가는 어린 양과 털 깎는 자 앞에서 잠잠한 양 같이 그의 입을 열지 아니하였도다
8 …그가 살아 있는 자들의 땅에서 끊어짐은 마땅히 형벌 받을 내 백성의 허물 때문이라…
9 …그의 입에 거짓이 없었으나…
10 여호와께서 그에게 상함을 받게 하시기를 원하사 질고를 당하게 하셨은즉…

이사야 53:3-10

차례

들어가며 그리스도와 집단수용소   10

예수님이 오셔서 죽으신 50가지 이유

1. 하나님의 진노를 받기 위해   20
2. 하늘 아버지를 기쁘시게 하기 위해   24
3. 순종을 배워 온전하게 되기 위해   27
4. 죽은 자 가운데서 부활하기 위해   30
5. 죄인을 향한 하나님의 풍성한 사랑과 은혜를 보여주기 위해   33
6. 우리를 향한 그분의 사랑을 보여주기 위해   36
7. 우리를 향한 율법의 법적 요구를 제거하기 위해   39
8. 많은 사람의 대속물이 되기 위해   42
9. 우리의 죄를 사하기 위해   45
10. 우리가 의롭다 하심을 받을 기초를 놓기 위해   48

11. 우리의 의가 될 완전한 순종을 이루기 위해　52
12. 우리가 정죄받지 않도록 하기 위해　55
13. 구원의 기초로서 할례를 비롯한 모든 의식을 폐지하기 위해　59
14. 우리가 믿고 그 믿음을 유지하게 하기 위해　62
15. 우리를 거룩하고 흠이 없으며 완전하게 하기 위해　65
16. 우리에게 깨끗한 양심을 주기 위해　68
17. 우리에게 좋은 모든 것을 우리를 위해 획득하기 위해　71
18. 우리의 도덕적·육체적 질병을 치료하기 위해　75
19. 그분을 믿는 모두에게 영생을 주기 위해　78
20. 우리를 이 악한 세대에서 건져내기 위해　81
21. 우리를 하나님과 화목하게 하기 위해　84
22. 우리를 하나님께 인도하기 위해　87
23. 우리가 그분의 소유가 되게 하기 위해　90
24. 우리가 담대하게 성소에 들어가게 하기 위해　93
25. 우리로 하나님을 만나는 자리가 되게 하기 위해　96

26. 구약의 제사장직을 폐하고 영원한 대제사장이 되기 위해   100

27. 공감하고 돕는 제사장이 되기 위해   103

28. 우리를 조상의 헛된 행실에서 자유롭게 하기 위해   106

29. 우리를 죄의 종살이에서 자유롭게 하기 위해   109

30. 우리가 죄에 대해 죽고 의에 대해 살게 하기 위해   112

31. 우리가 율법에 대해 죽고 하나님을 위해 열매를 맺게 하기 위해   115

32. 우리가 자신이 아닌 그리스도를 위해 살게 하기 위해   118

33. 십자가가 우리의 모든 자랑의 근거가 되게 하기 위해   122

34. 우리가 그분을 믿음으로써 살게 하기 위해   125

35. 결혼에 더없이 깊은 의미를 부여하기 위해   129

36. 선한 일을 열심히 하는 백성을 일으키기 위해   132

37. 우리가 그분의 겸손과 값진 사랑을 본받게 하기 위해   135

38. 십자가를 지고 그분을 따르는 자들을 일으키기 위해   138

39. 죽음의 두려움에 사로잡힌 우리를 자유롭게 하기 위해   141

40. 우리가 죽자마자 그분과 함께 있도록 하기 위해   145

41. 우리가 죽은 자 가운데서 부활한다는 것을 보증하기 위해　**148**

42. 통치자들과 권세들을 무력화하기 위해　**151**

43. 복음에 담긴 하나님의 능력이 발휘되도록 하기 위해　**154**

44. 인종·민족 간의 적대감을 허물기 위해　**157**

45. 각 족속과 방언과 백성 가운데서 사람들을 속량하기 위해　**161**

46. 온 세상에서 그분의 양을 모두 불러 모으기 위해　**164**

47. 우리를 마지막 심판에서 구해내기 위해　**167**

48. 그분의 기쁨과 우리의 기쁨을 얻기 위해　**170**

49. 영광과 존귀로 관을 쓰기 위해　**173**

50. 하나님이 가장 악한 것이라도
　　선으로 바꾸신다는 것을 보여주기 위해　**177**

기도　180
성경의 역사적 신빙성을 다룬 책　183

들어가며

그리스도와 집단수용소

21세기에 가장 중요한 질문은 이것입니다. "왜 그리스도께서 이 땅에 오셔서 죽으셨는가?" 이 질문이 얼마나 중요한지 알려면 인간적인 이유만 살펴서는 안 됩니다. "누가 예수님을 죽였는가?" 이 질문의 최종 답은 "하나님이 그렇게 하셨다"는 것입니다. 머릿속이 아뜩해집니다. 예수님은 하나님의 아들이십니다! 하지만 성경의 메시지 전체가 이 결론에 이릅니다.

하나님이 선으로 바꾸셨습니다

예수님이 세상에 오시기 수백 년 전, 히브리 선지자가 "여호와께서 그에게 상함을 받게 하시기를 원하사 질고를 당하게 하셨"다고 했습니다(사 53:10). 기독교의 신약성경은 하나님이 "자기 아들을 아끼지 아니하시고 우리 모든 사람을 위하여 내주"셨다고 말합니다(롬 8:32). 그리고 "이 예수를 하나님이 그의 피로써 믿음으로 말미암는 화목제물로 세우셨"다고 말합니다(롬 3:25).

그런데 이러한 하나님의 행하심이 예수님을 죽인 자들의 끔찍하고 죄악된 행위와 무슨 상관이 있습니까? 성경은 이 질문에 초대 교회의 기도로 답합니다. "헤롯과 본디오 빌라도는 이방인과 이스라엘 백성과 합세하여 하나님이 기름 부으신 거룩한 종 예수를 거슬러 하나님의 권능과 뜻대로 이루려고 예정하신 그것을 행하려고 이 성에 모였나이다"(행 4:27-28). 하나님의 주권이 이토록 광대하다니 숨이 멎을 지경입니다. 그러나 이것은 우리의 구원을 여는 열쇠이기도 합니다. 하나님이 이 일을 계획하셨고, 악인들을 사용해 이 일을 이루셨습니다. 유대인의 토라를 인용해 말하자면, 그들은 악한 의도로 계획했으나 하나님이 선으로 바꾸셨습니다(창 50:20).

하나님이 선으로 바꾸셨습니다. 그러므로 우리는 하나님의 목적을 볼 때 절대로 인간적인 이유만 봐서는 안 됩니다. 예수님의 죽음에서 핵심은 이유가 아니라 목적, 곧 그 의미입니다. 사람들이 예수님을 제거하려는 데는 그들만의 이유가 있었습니다. 그러나 오직 하나님만이 이 일을 선으로 바꾸어 세상에 유익하게 하실 수 있습니다. 사실, 하나님이 예수님의 죽음에 두신 목적을 우리가 다 헤아릴 수는 없습니다. 저는 그 목적 가운데 50개를 소개하려고 합니다. 그러나 덧붙일 목적이 언제라도 더 있을 것입니다. 저의 목적은 성경이 말하게 하는 것입니다. 우리는 성경에서 하나님의 말씀을 듣습니다. 이 책을 읽은 후 우리가 하나님이 아들의 죽음에 세우신 보다 큰 계획을 더 깊이 탐구해 나가길 바랍니다.

예수님의 죽음은 절대적으로 유일무이합니다

예수님의 죽음은 왜 그렇게도 능력이 있습니까? 예수님은 로마 황제 자리를 노린다는 혐의로 기소되어 유죄 판결을 받으셨습니다. 그러나 이후 3세기 동안, 예수님의 죽음은 고난 중에도 사랑하는 놀라운 능력으로 로마제국을 변화시켰고, 지금도 세상을 변화시키고 있습니다. 이 질문의 답은 예수님의 죽음이 절대적으로 유일무이하다는 것입니다. 예수님은 죽은 지 사흘 만에 죽은 자 가운데서 부활하셨고, 부활은 예수님이 그분의 죽음으로 이루신 성취를 하나님이 옳다고 확증하신 행위였습니다.

예수님의 죽음이 유일무이한 것은 그분이 단순한 인간을 넘어서는 분이시기 때문입니다. 예수님은 인간 그 이상이십니다. 고대 니케아 신경은 예수님이 "참 하나님으로부터 나온 참 하나님"이셨다고 말합니다. 이것은 예수님을 알았고 예수님께 영감을 받아 그분이 누구신지 설명한 사람들의 증언입니다. 사도 요한은 그리스도를 가리켜 "말씀"이라고 하면서 "태초에 말씀이 계시니라 이 말씀이 하나님과 함께 계셨으니 이 말씀은 곧 하나님이시니라 … 말씀이 육신이 되어 우리 가운데 거하시매"라고 썼습니다(요 1:1-2, 14).

더욱이 예수님은 전혀 죄가 없으셨으나 고난을 받으셨습니다. 그분은 신성모독 혐의에 대해 무죄였을 뿐 아니라 그 어떤 죄도 없었습니다. 예수님과 가장 가까웠던 제자 하나가 예수님을 가리켜 "그는 죄를 범하지 아니하시고 그 입에 거짓도 없으시며"라고 했습니다(벧전 2:22). 여기에 한 가지 사실을 덧붙이십시오. 예수님은 절대 권위로 자신의 죽음을 받아들이셨습니다. 예수님은 자신의 죽음과 부활에 관해 다음과 같이 놀라운 말씀을 하셨습니다. "내가 내 목숨을 버리는 것은 그것을 내가 다시 얻기 위함이니 … 이를 내게서 빼앗는 자가 있는 것이 아니라 내가 스스로 버리노라 나는 버릴 권세도 있고 다시 얻을 권세도 있으니"(요 10:17-18). 그러니 예수님을 누가 죽였는가 하는 논쟁은 핵심을 빗나간 것입니다. 예수님이 죽음을 선택하셨습니다. 예수님의 하늘 아버지께서 이 죽음을 정하셨고, 예수님이 이 죽음을 받아들이셨습니다.

예수님이 죽으신 목적이 그분의 부활로 입증되었습니다

하나님은 예수님을 죽은 자 가운데서 일으키셔서 그분이 옳았음을 보여주셨고, 그분의 모든 주장이 맞았음을 확증하셨습니다. 이 일은 사흘째 되던 날 일어났습니다. 일요일 이른 아침, 예수님이 죽은 자 가운데서 살아나셨습니다. 예수님은 40일 동안 제자들에게 무수히 나타나셨고 그 후에 하늘로 올라가셨습니다(행 1:3).

제자들은 예수님이 실제로 다시 살아나셨다는 것을 곧바로 믿지 못했습니다. 제자들은 그렇게 쉬이 믿는 사람들이 아니었습니다. 이를테면 뼛속까지 장사치였습니다. 이들은 죽은 사람이 살아나지 않는다는 것을 알았습니다. 한번은 부활하신 예수님이 제자들에게 물고기를 구워 먹자고 하셨습니다. 자신이 귀신이 아니라는 것을 이들에게 증명하기 위해서였습니다(눅 24:39-43). 예수님의 부활은 다만 죽었던 몸이 살아난 것이 아닙니다. 하나님이자 사람이신 분이 불멸하는 새 생명으로 부활하신 것입니다. 초대 교회는 예수님을 하늘과 땅의 주님으로 높였습니다. 예수님은 하나님이 자신을 세상에 보내며 맡기신 사명을 마치셨고, 예수님의 부활은 하나님이 만족하셨다는 증거였습니다. 이 책은 예수님의 죽음이 세상을 위해 무엇을 성취했는지를 다룹니다.

그리스도의 죽음과 죽음의 수용소

비극적이게도, 그리스도의 죽음 이야기가 명분이 되어 유대인을 적대시하는 반유대주의를 낳았고, 무슬림을 짓밟는 십자군 전쟁이란 폭력을 낳았습니다. 우리 그리스도인은 그리스도의 영으로 행하지 못한 조상들이 부끄럽습니다. 의심할 여지 없이, 우리 자신의 영혼에도 이러한 돌림병의 흔적이 있습니다. 그러나 진정한 기독교, 곧 서구문화와 철저히 다르고, 많은 교회에서 찾아볼 수 없는 진정한 기독교는 폭력을 동원한 종교 확장을 거부합니다. 예수님은 이렇게 말씀하셨습니다. "내 나라는 이 세상에 속한 것이 아니니라 만일 내 나라가 이 세상에 속한 것이었더라면 내 종들이 싸워 나로 유대인들에게 넘겨지지 않게 하였으리라"(요 18:36). 십자가의 길은 고난의 길입니다. 우리 그리스도인은 그리스도께서 어떻게 사랑하셨는지 보여주기 위해 죽으라고 부르심을 받았을 뿐, 다른 이들을 죽이라고 부르심을 받은 게 아닙니다.

진정한 그리스도인의 사랑은 오직 그리스도만이 하나님께 나아가는 유일한 구원의 길이라고 모든 민족에게 겸손하고 담대하게 전합니다. 어떤 희생이 따르더라도 그렇게 전합니다. 예수님은 "내가 곧 길이요 진리요 생명이니 나로 말미암지 않고는 아버지께로 올 자가 없느니라"고 하셨습니다(요 14:6). 그러나 분명하게 말하지만, 교만에서 비롯된 억압이나 학살이나 십자군 원정이나 집단수용소 같은 방식으로 다른 이들을 모욕하거나 비방하거나 경멸하거나 박해하는 것은 절대로 기독교가 아닙니다. 아주 단순하고 끔찍하게도, 이것은 예수 그리스도를 거스르는 불순종이었고 지금도 불순종입니다. 예수님은 그분을 따른다고 말하는 수많은 사람들과 달리 십자가에서 "아버지 저들을 사하여 주옵소서 자기들이 하는 것을 알지 못함이니이다"라고 기도하셨습니다(눅 23:34).

예수 그리스도의 죽음은 역사상 가장 중요한 사건이며, 21세기에도 정치적·개인적으로 가장 폭발력 강한 이슈입니다. 그리스도께서 십자가에 못 박히심을 부정하는 것은 홀로코스트를 부정하는 것과 같습니다. 어떤 사람들에게 이 사건은 너무나 끔찍해 받아들여지지 못합니다. 어떤 사람들에게는 종교적 동정심을 강요하려는 정교한 음모입니다. 그러나 이것을 부정하는 사람들은 망상과도 같은 역사 속에 사는 것입니다. 예수 그리스도께서는 말할 수 없는 고난을 받고 죽으셨고, 유대인들도 끔찍한 일을 겪었습니다.

갈보리와 집단수용소를, 다시 말해 예수 그리스도의 고난과 유대 민족의 고난을 연결하는 것은 제가 처음이 아닙니다. 엘리 위젤(Elie Wiesel)은 그의 책 『나이트』(Night)에서, 자신이 십대 시절 아우슈비츠와 부나와 부헨발트에 있는 집단수용소에서 아버지와 함께 겪었던 일을 들려줍니다. 거기에는 늘 '선별'의 공포가 있었습니다. 약한 자들을 골라내 죽이고 가마에 넣어 태웠습니다. 어느 시점에 단 한 번, 엘리 위젤은 갈보리와 집단수용소를 연결합니다. 그는 옛 랍비 아키바 더머(Akiba Dumer)의 이야기를 들려줍니다.

아키바 더머가 우리 곁을 떠났다. 선별의 희생자가 된 것이다. 최근에 그는 우리들 사이를 배회했으며 눈동자는 흐려져 있었고 누구에게나 자신의 약함을 말했다. "더는 못 버티겠어요…. 다 끝났어요…." 그에게 용기를 불러일으키기란 불가능했다. 그는 우리가 하는 말을 도무지 들으려 하지 않았다. 자신은 모든 게 끝났으며 더는 싸울 수 없고 힘도 믿음도 남아 있지 않다는 말을 되풀이할 뿐이었다. 그는 갑자기 눈동자의 초점이 흐려지곤 했는데, 그의 두 눈은 마치 벌어진 상처이자 공포의 수렁처럼 보였다.[1]

뒤이어 엘리 위젤은 도발적으로 말합니다. "불쌍한 아키바 더머, 그가 하나님을 계속 믿을 수 있었다면, 갈보리에서 나타난 하나님의 증거를 볼 수 있었다면 선별되지 않았을 텐데."[2] 저는 그가 무슨 뜻으로 이렇게 말했는지 잘 모르겠습니다. 그러나 그의 말은 우리에게 질문을 던집니다. 갈보리, 곧 예수님이 죽으신 장소는 왜 집단수용소와 연결되는가?

이 질문을 하면서 저는 그 원인을 생각하거나 비난하지 않습니다. 오히려 의미와 소망을 생각합니다. 우리는 유대인이 당한 고난의 원인보다는 그 최종 의미를 예수 그리스도의 고난에서 찾을 수는 없을까요? 그리스도의 죽음이 아우슈비츠로 이어지는 것이 아니라, 아우슈비츠가 그리스도의 죽음에 대한 이해로 이어지는 것은 아닐까요? 갈보리와 집단수용소를 잇는 고리는 어쩌면 헤아릴 수 없는 공감의 고리가 되지는 않을까요? 유대인들이 고통당한

---

1) Elie Wiesel, *Night*(New York: Bantam Books, 1982, originally 1960), p. 72; 엘리 위젤, 「나이트」, 김하락 역, 위즈덤하우스.
2) 같은 책, p. 73.

"어느 긴 밤"에[3] 무슨 일이 일어났는지 마지막에 예수님만 아실 것입니다. 한 세대 유대인들, 그들의 조부모가 부당히 끔찍한 형벌을 겪은 그 세대는, 갈보리에서 하나님의 아들에게 일어난 일을 누구보다 잘 이해할 수 있지 않을까요? 이것은 질문으로 남겨 두겠습니다. 저는 모릅니다.

그러나 이것은 압니다. 집단수용소들을 지은 이른바 '그리스도인은' 예수 그리스도를 갈보리로 이끈 사랑을 절대로 알지 못했습니다. 한 문화를 위해 죽이기를 택한 그들은 세상을 구원하기 위해 죽으신 그리스도를 절대로 알지 못했습니다. 그러나 참 그리스도인, 곧 예수 그리스도의 죽음이 갖는 의미를 보았고 그분이 받으신 고난 때문에 깨지고 겸손해진 그리스도인들이 있습니다. 이들은 유대인의 고난을 누구보다 더 잘 보고 적어도 헤아릴 수 있을 것입니다.

그리스도인들이 반유대주의자였다니 참으로 아이러니합니다. 예수님과 초기에 그분을 따르는 사람들은 모두 유대인이었습니다. 예수님의 십자가 죽음에는 유대인뿐 아니라 팔레스타인의 모든 그룹이 가담했으며, 유대인을 비롯해 모든 그룹이 예수님의 십자가 죽음을 막으려 했습니다. 하나님이 아들의 죽음에서 친히 주연을 맡으셨습니다. 그러므로 핵심 질문은 "누가 예수님을 죽였느냐?"

---

3) 앞의 책, p. 32.

가 아닙니다. "예수님의 죽음이 유대인과 무슬림과 불교도와 힌두교도와 종교가 없는 세속주의자들을 비롯한 모든 인간에게, 모든 곳의 모든 사람에게 무엇을 가져다주었는가?"입니다.

마무리하자면 가장 중요한 질문은 이것입니다. "왜 예수님이 오셔서 죽으셨는가?" 이 질문은 원인이 아닌 목적을 묻는 것입니다. 그리스도께서 그분의 죽음으로 무엇을 성취하셨습니까? 왜 예수님은 그토록 고난받으셔야 했습니까? 갈보리에서 세상을 위해 무슨 큰일이 일어났습니까?

이 책은 바로 이 부분을 다룰 것입니다. 저는 예수님이 오셔서 죽으신 50가지 이유를 신약성경에서 찾아냈습니다. 50가지 원인이 아닌 50가지 목적입니다.

누가 예수님을 죽였느냐보다 무한히 더 중요한 질문이 있습니다. 곧 하나님은 그분의 아들을 세상에 보내 죽게 하심으로써 우리와 같은 죄인들을 위해 무엇을 성취하셨습니까?

1

예수님이 오셔서 죽으신 이유

하나님의 진노를 받기 위해

그리스도께서 우리를 위하여 저주를 받은 바 되사
율법의 저주에서 우리를 속량하셨으니 기록된 바 나무에 달린 자마다
저주 아래에 있는 자라 하였음이라
갈라디아서 3:13

이 예수를 하나님이 그의 피로써
믿음으로 말미암는 화목제물로 세우셨으니
이는 하나님께서 길이 참으시는 중에
전에 지은 죄를 간과하심으로 자기의 의로우심을 나타내려 하심이니
로마서 3:25

사랑은 여기 있으니
우리가 하나님을 사랑한 것이 아니요 하나님이 우리를 사랑하사
우리 죄를 속하기 위하여 화목제물로 그 아들을 보내셨음이라
요한일서 4:10

하나님이 '공의롭지' 않으시다면 그분의 아들이 고난받고 죽을 '필요'가 없었을 것입니다. 하나님이 '사랑이 넘치는' 분이 아니시

라면 그분의 아들이 '기꺼이' 고난받고 죽으려 하지 않았을 것입니다. 그러나 하나님은 공의로우실 뿐 아니라 사랑이 넘치는 분이십니다. 그러므로 하나님의 사랑은 그분의 공의를 기꺼이 충족하려 합니다.

하나님의 율법은 이렇게 요구합니다. "너는 마음을 다하고 뜻을 다하고 힘을 다하여 네 하나님 여호와를 사랑하라"(신 6:5). 그러나 우리는 모두 다른 것들을 더 사랑합니다. 이것이 바로 죄입니다. 하나님보다 다른 것들을 더 좋아하고 이에 따라 행동함으로써 하나님을 욕되게 하는 것입니다. 그러므로 성경은 말합니다. "모든 사람이 죄를 범하였으매 하나님의 영광에 이르지 못하더니"(롬 3:23). 우리는 자신이 가장 기뻐하는 것을 영화롭게 합니다. 그런데 그 대상이 하나님이 아닙니다.

그러므로 우리의 죄는 작지 않습니다. 우리가 작은 주권자에게 맞서는 것이 아니기 때문입니다. 모욕은 모욕당하는 존재가 존엄할수록 심각합니다. 우주의 창조자께서는 존경과 찬양과 충성을 받기에 무한히 합당하십니다. 따라서 그분을 사랑하지 않는 것은 사소한 일이 아닙니다. 반역입니다. 죄는 하나님을 모욕하고 인간의 행복을 파괴합니다.

하나님은 공의로우십니다. 그러므로 하나님은 이러한 범죄들을 우주의 카펫 밑에 쓸어 넣고 덮어 두지 않으십니다. 하나님은 이것들을 향해 거룩한 분노를 느끼십니다. 이러한 범죄들은 벌을 받아 마땅하며, 하나님은 이를 분명히 하셨습니다. "죄의 삯은 사망이요"(롬 6:23). "범죄하는 그 영혼은 죽으리라"(겔 18:4).

모든 죄에 거룩한 저주가 드리워 있습니다. 하나님이 죄를 벌하지 않으신다면 그분은 공의로운 분이 아닙니다. 이는 하나님을 욕되게 해도 괜찮다는 뜻이 될 것입니다. 거짓말이 현실에서 판을 칠 것입니다. 그러므로 하나님은 이렇게 말씀하십니다. "누구든지 율법책에 기록된 대로 모든 일을 항상 행하지 아니하는 자는 저주 아래에 있는 자라"(갈 3:10; 참조. 신 27:26).

그러나 하나님의 사랑이 모든 죄악된 인간에게 저주가 드리워진 데에서 그치지 않게 합니다. 아무리 거룩한 진노라도, 하나님은 진노를 나타내시는 정도에 만족하지 않으십니다. 그래서 하나님은 그분의 아들을 보내, 그 아들로 그분의 진노를 온전히 받을 뿐 아니라, 그 아들을 믿는 모두를 위해 저주를 받게 하셨습니다. "그리스도께서 우리를 위하여 저주를 받은 바 되사 율법의 저주에서 우리를 속량하셨으니"(갈 3:13).

이것이 앞서 인용한 본문에 나오는 "화목제물"이란 단어의 의미입니다(롬 3:25). 화목제물이란 대속물(대체물)을 줌으로써 하나님의 진노를 제거하는 것을 말합니다. 대속물은 하나님이 친히 주십니다. 대속물이신 예수 그리스도께서는 진노를 제거하신 것이 아닙니다. 우리를 향한 하나님의 진노를 자신에게로 돌려 그 진노를 직접 받으셨습니다. 하나님의 진노는 여전히 공의로우며, 철회되지 않고 충족되었습니다.

하나님을 이용하거나 그분의 사랑을 하찮게 여기지 마십시오. 우리의 죄가 얼마나 심각하고 우리를 향한 하나님의 진노가 얼마나 공의로운지 헤아리기 전에는, 절대로 하나님께 사랑받는다는 사실에 경외감을 느끼지 못할 것입니다. 그러나 하나님의 은혜로 우리의 자격 없음을 깨우친다면, 우리는 그리스도의 고난과 죽음을 보며 이렇게 말할 것입니다. "사랑은 여기 있으니 우리가 하나님을 사랑한 것이 아니요 하나님이 우리를 사랑하사 우리 죄를 속하기 위하여 [진노를 받는] 화목제물로 그 아들을 보내셨음이라"(요일 4:10).

하늘 아버지를 기쁘시게 하기 위해

여호와께서 그에게 상함을 받게 하시기를 원하사
질고를 당하게 하셨은즉
이사야 53:10

그는[그리스도께서는] 우리를 위하여 자신을 버리사
향기로운 제물과 희생제물로 하나님께 드리셨느니라
에베소서 5:2

예수님은 진노하신 아버지와 씨름하며 그분을 하늘 바닥에 매치고 그 손에서 채찍을 빼앗으신 것이 아닙니다. 예수님이 아버지께 제발 인간에게 자비를 베풀라고 강요하신 것이 아닙니다. 예수님의 죽음은 하나님이 죄인들을 관대하게 대하기로 마지못해 동의하신 결과가 아닙니다. 그게 아닙니다. 예수님이 고난받고 죽으신 것은 아버지의 계획이었습니다. 그것은 숨 막힐 만큼 놀라운 전략, 곧 하나님이 창조 이전에 세상 역사를 내다보고 계획하신 일이었습니다. 이런 까닭에 성경은 하나님이 "오직 자기의 뜻과 영원 전부터 그리스도 예수 안에서 우리에게 주신 은혜"에 대해 말합니다 (딤후 1:9).

이미 유대교 성경에서 이 계획이 전개되고 있었습니다. 이사야 선지자는 메시아의 고난을 예언하면서, 메시아께서 죄인들을 대신해 고난받으실 거라고 했습니다. 그리스도께서 우리를 대신해 "하나님께 맞으실" 거라고 했습니다.

> 그는 실로 우리의 질고를 지고 우리의 슬픔을 당하였거늘 우리는 생각하기를 그는 징벌을 받아 하나님께 맞으며 고난을 당한다 하였노라 그가 찔림은 우리의 허물 때문이요 그가 상함은 우리의 죄악 때문이라 … 우리는 다 양 같아서 그릇 행하여 각기 제 길로 갔거늘 여호와께서는 우리 모두의 죄악을 그에게 담당시키셨도다(사 53:4-6).

그러나 그리스도의 대속에서 가장 놀라운 점은 이것이 하나님의 계획이었다는 사실입니다. 그리스도께서는 죄인들을 벌하려는 하나님의 계획을 침범하신 게 아닙니다. 하나님이 예수님이 거기 계시도록 계획하셨습니다. 구약성경의 어느 선지자는 이렇게 말합니다. "여호와께서 그에게 상함을 받게 하시기를 원하사 질고를 당하게 하셨은즉"(사 53:10).

이것이 신약성경의 역설을 설명합니다. 그리스도의 고난은 한편으로 하나님이 인간의 죄 때문에 진노를 쏟아부으신 것이지만, 다른 한편으로는 예수님이 아버지의 뜻에 복종하고 순종하는 아름다운 행위였습니다. 그래서 그리스도께서는 십자가에서 이렇게 부르짖으셨습니다. "나의 하나님, 나의 하나님, 어찌하여 나를 버리셨나이까"(마 27:46). 그러나 성경은 그리스도의 고난이 하나님께 향기로웠다고 말합니다. "그는 우리를 위하여 자신을 버리사 향기로운 제물과 희생제물로 하나님께 드리셨느니라"(엡 5:2).

이처럼 경이롭고 놀라운 하나님의 사랑을 찬양할 수 있기를 바랍니다. 이것은 단순한 감상이 아닙니다. 하나님이 우리를 위해 불가능한 일을 행하셨습니다. 다시 말해, 하나님이 그분의 진노를 그분의 아들에게 쏟으셨습니다. 아들은 아버지께 복종하셨기에 아버지의 진노를 받는 것은 그분께 부당했습니다. 그런데도 아들은 아버지의 진노를 아주 기꺼이 받으셨고, 이것이 하나님이 보시기에 참으로 귀했습니다. 진노를 받으신 분이 무한히 사랑을 받으셨습니다.

3

예수님이 오셔서 죽으신 이유

순종을 배워 온전하게 되기 위해

그가 아들이시면서도
받으신 고난으로 순종함을 배워서
히브리서 5:8

그러므로 만물이 그를 위하고 또한 그로 말미암은 이가
많은 아들들을 이끌어 영광에 들어가게 하시는 일에
그들의 구원의 창시자를 고난을 통하여
온전하게 하심이 합당하도다
히브리서 2:10

성경은 그리스도께서 고난을 통해 "순종함을" 배우셨고 고난을 통해 "온전하게" 되셨다고 말합니다(히 5:9). 그런데 동시에 그리스도께서는 "죄가 없으시니라"고 말합니다. "[그리스도께서는] 모든 일에 우리와 똑같이 시험을 받으신 이로되 **죄는 없으시니라**"(히 4:15).

이것이 성경의 한결같은 가르침입니다. 그리스도께서는 죄가 없으십니다. 그리스도께서는 하나님의 아들로 하나님이시나, 실제로 사람이셨고 우리가 받는 모든 유혹을 받으셨고 우리가 느끼는 모든 욕구를 느끼셨으며 우리에게 있는 모든 육체적 약점도 가지셨습니다. 그리스도께서는 배가 고프셨고(마 21:18), 분노하고 슬퍼하셨으며(막 3:5), 아픔을 겪으셨습니다(마 17:12). 그러나 그리스도의 마음은 완전히 하나님과 사랑에 빠졌고, 그리스도께서는 한결같이 이 사랑으로 행동하셨습니다. 그분은 "죄를 범하지 아니하시고 그 입에 거짓도 없으"십니다(벧전 2:22).

그러므로 예수님이 "받으신 고난으로 순종함을 배우셨다"고 성경이 말할 때, 이것은 예수님이 불순종을 그치길 배우셨다는 뜻이 아닙니다. 새로운 시련이 닥칠 때마다 순종이 무슨 뜻인지 아픔 가운데 배우셨다는 뜻입니다. 예수님이 "고난을 통하여 온전하게" 되셨다고 성경이 말할 때, 이것은 예수님이 결점을 점차 벗어버리셨다는 뜻이 아닙니다. 예수님이 우리를 구원하기 위해 그분이 소유하셔야 하는 완전한 의를 점차 이루셨다는 뜻입니다.

예수님이 세례를 받으실 때 하신 말씀이 바로 이것입니다. 예수님이 세례를 받으셔야 했던 것은 죄가 있어서가 아닙니다. 오히려 예수님은 세례 요한에게 이렇게 설명하셨습니다. "우리가 이와 같이 하여 모든 의를 이루는 것이 합당하니라"(마 3:15).

핵심은 이것입니다. **하나님의 아들이 성육신부터 십자가에 이르기까지 그분의 의와 사랑을 시험하는 유혹과 아픔이 없었다면, 타락한 인간에게 맞춤한 구원자가 되지 못하셨을 것입니다.** 그분은 고난을 받음으로써 단순히 하나님의 진노를 받으신 게 아니었습니다. 고난을 받으셨기에 진정으로 사람이셨고 그래서 우리를 형제자매라 부르실 수 있었습니다(히 2:17).

4

죽은 자 가운데서 부활하기 위해

양들의 큰 목자이신 우리 주 예수를
영원한 언약의 피로
죽은 자 가운데서 이끌어 내신 평강의 하나님이
모든 선한 일에 너희를 온전하게 하사 자기 뜻을 행하게 하시고
히브리서 13:20-21

그리스도의 죽음은 단순히 그분의 부활보다 앞서 일어난 사건이 아닙니다. 그리스도의 죽음은 그분의 부활을 성취하는 값이었습니다. 그래서 히브리서 13장 20절은 하나님이 그리스도를 "영원한 언약의 피로" 죽은 자 가운데서 이끌어 내셨다고 말합니다.

"언약의 피"는 예수님의 피입니다. 예수님이 "이것은 … 나의 피 곧 언약의 피니라"고 말씀하셨듯이 말입니다(마 26:28). 성경이 예수님의 피를 말할 때, 이것은 그분의 죽음을 가리킵니다. 예수님이 단지 피를 흘리셨을 뿐이라면 구원이 성취되지 않았을 것입니다.

예수님이 피를 흘리신 일이 그토록 중요한 이유는 그분이 피를 흘리고 '죽으셨기' 때문입니다.

그러면 예수님이 피를 흘리신 것과 그분의 부활이 무슨 관계가 있을까요? 성경은 예수님이 단지 피를 흘리신 후 살아나셨다고 말하지 않고, 피를 흘리심으로써 살아나셨다고 말합니다. 이것은 그리스도의 죽음으로 성취된 것이 너무나 충만하고 완전했으며, 그래서 그리스도의 부활은 그분이 죽음으로 성취하신 것에 대한 상이요 증명이었다는 뜻입니다.

하나님의 진노가 예수님의 고난과 죽음으로 충족되었습니다. 죄를 향한 거룩한 진노가 완전히 쏟아졌습니다. 그리스도의 순종은 더없이 완전했습니다. 용서를 위한 값이 완전히 치러졌습니다. 하나님의 의가 완전히 입증되었습니다. 이제 성취되어야 할 일은 단 하나, 하나님이 이것을 공적으로 선포하시는 일이었습니다. 하나님은 예수님을 죽은 자 가운데서 다시 살리심으로써 이 성취를 선포하셨습니다.

성경은 "그리스도께서 다시 살아나신 일이 없으면 너희의 믿음도 헛되고 너희가 여전히 죄 가운데 있을 것이요"라고 말합니다(고전 15:17). 이 말씀의 핵심은 부활이 우리의 죄를 사하려고 치른 값이라는 게 아닙니다. 이 말씀의 핵심은 예수님의 죽음이 '완전히 충분한 값'이라는 점을 부활이 증명한다는 것입니다. 예수님이 죽은 자 가운데서 다시 살아나지 않으셨다면 그분의 죽음은 실패였을 테고, 하나님은 예수님이 우리의 죄를 대신 지셨다고 인정하지 않으셨을 것입니다. 그리고 우리는 여전히 우리의 죄 가운데 있을 것입니다.

그러나 참으로 "그리스도께서 아버지의 영광으로 말미암아 죽은 사람들 가운데서 살아나"셨습니다(롬 6:4, 새번역). 그리스도의 죽음과 고난이 성공이었다는 게 증명되었습니다. 그러므로 그리스도를 믿는 자는 자기 죄 가운데 있지 **않습니다**. "영원한 언약의 피로" 큰 목자께서 죽은 자 가운데서 다시 살아나셨고 영원히 살아계시기 때문입니다.

예수님이 오셔서 죽으신 이유

5

죄인을 향한 하나님의
풍성한 사랑과 은혜를 보여주기 위해

의인을 위하여 죽는 자가 쉽지 않고
선인을 위하여 용감히 죽는 자가 혹 있거니와
우리가 아직 죄인 되었을 때에 그리스도께서 우리를 위하여 죽으심으로
하나님께서 우리에 대한 자기의 사랑을 확증하셨느니라
로마서 5:7-8

하나님이 세상을 이처럼 사랑하사 독생자를 주셨으니
이는 그를 믿는 자마다 멸망하지 않고 영생을 얻게 하려 하심이라
요한복음 3:16

우리는 그리스도 안에서 그의 은혜의 풍성함을 따라
그의 피로 말미암아 속량 곧 죄 사함을 받았느니라
에베소서 1:7

하나님이 우리를 얼마나 사랑하시는지 알려면 두 가지를 보면 됩니다. 첫째, 하나님이 우리의 죄가 초래한 형벌에서 우리를 구원하려고 얼마나 큰 희생을 치르셨는지 보면 됩니다. 둘째, 하나님이

우리를 구원하실 때 우리가 구원받을 자격이 얼마나 없었는지 보면 됩니다.

하나님이 "독생자를 주셨"습니다(요 3:16). 우리는 이 말씀에서 하나님이 얼마나 큰 희생을 치르셨는지 알 수 있습니다. 그리스도라는 단어에서도 이를 알 수 있습니다. 그리스도는 '기름부음 받은 자' 곧 '메시아'를 뜻하는 헬라어 '크리스토스'(Christos)에서 왔습니다. 이는 아주 존엄한 용어입니다. 메시아께서 오셔서 이스라엘 왕이 되실 터였습니다. 메시아께서 로마를 정복하고 이스라엘에 평화와 안전을 가져다주실 터였습니다. 하나님이 죄인들을 구원하라고 보내신 분은 하나님의 아들, 그분의 '독생자', 이스라엘의 기름부음 받은 자였습니다. 사실, 그분은 온 세상의 왕이셨습니다(사 9:6-7).

이러한 사실과 더불어 그리스도께서 십자가에서 당하신 참혹한 죽음을 생각할 때, 성부와 성자께서 말로 표현할 수 없을 만큼 큰 희생을 치르셨다는 게 분명해집니다. 하나님과 인간의 간극을 생각할 때 이 희생은 무한하기까지 합니다. 그러나 하나님은 우리를 구원하려고 이 희생을 치르기로 선택하셨습니다.

또한 우리가 구원받을 자격이 없음을 생각할 때 우리를 향한 하나님의 사랑이 더 크게 다가옵니다. "의인을 위하여 죽는 자가 쉽지 않고 선인을 위하여 용감히 죽는 자가 혹 있거니와 **우리가 아직 죄인 되었을 때에** 그리스도께서 우리를 위하여 죽으심으로 하나님께서 우리에 대한 자기의 사랑을 확증하셨느니라"(롬 5:7-8). 우리는 하나님의 희생이 아니라 그분의 형벌을 받아 마땅한 존재였습니다.

이렇게 말하는 사람이 있습니다. "하나님은 개구리를 위해 죽으신 게 아니다. 그러므로 그분은 우리가 인간으로서 갖는 가치에 반응하셨다." 이는 은혜를 거꾸로 뒤집는 말입니다. 우리는 개구리보다 **나쁩니다**. 개구리는 죄를 짓지 않습니다. 개구리는 하나님께 반역하지도 않고, 하나님을 하찮게 여기며 모욕하지도 않습니다. 하나님은 개구리를 위해 죽으실 필요가 없습니다. 개구리는 그리 나쁘지 않습니다. 그러나 우리는 매우 나쁩니다. 우리의 빚은 어마어마합니다. 오직 하나님의 희생만이 이 빚을 청산할 수 있습니다.

하나님이 우리를 위해 치르신 희생을 설명할 길은 하나뿐입니다. 이 설명의 중심은 우리가 아닙니다. 하나님의 "은혜의 풍성함"입니다(엡 1:7). 하나님의 희생은 모두 '거저'입니다. 하나님의 희생은 우리의 가치에 대한 반응이 아닙니다. 하나님의 희생은 그분의 무한한 가치가 흘러넘친 것입니다. 결국, 하나님의 사랑은 이것입니다. 엄청난 값을 치르면서까지, 우리를 영원토록 행복하게 할 그분의 무한한 아름다움으로 자격 없는 죄인들을 매료시키려는 열심입니다.

6

우리를 향한 그분의 사랑을 보여주기 위해

> 그는 우리를 위하여 자신을 버리사
> 향기로운 제물과 희생제물로 하나님께 드리셨느니라
> 에베소서 5:2

> 그리스도께서 교회를 사랑하시고
> 그 교회를 위하여 자신을 주심 같이 하라
> 에베소서 5:25

> 나를 사랑하사 나를 위하여
> 자기 자신을 버리신
> 갈라디아서 2:20

그리스도의 죽음은 '하나님의' 사랑을 증명할 뿐 아니라(요 3:16), '그리스도의' 사랑을 자신의 보화로 받아들이는 모든 사람에게 그 사랑을 가장 잘 표현하기도 합니다. 초대 교회 증인들은 그리스도인이라는 이유로 극심한 고난을 받았으나 그리스도께서 "나를 사랑하사 나를 위하여 자기를 버리셨다"는 사실에 사로잡혔습니다(갈 2:20). 이들은 자신을 버리신 그리스도의 희생을 나를 위한 희생으로 여겼습니다. 이들은 그리스도께서 "**나를** 사랑하사 **나를** 위하여 자기를 버리셨다"고 했습니다.

우리는 그리스도의 고난과 죽음을 바로 이렇게 이해해야 합니다. 그리스도의 고난과 죽음은 나와 관련이 있습니다. 그리스도의 고난과 죽음은 다름 아닌 나를 향한 그리스도의 사랑입니다. 보편적인 죄가 아니라, 바로 나의 죄가 나를 하나님에게서 떼어놓습니다. 다름 아닌 **나의** 완악한 마음과 영적 무감각이 그리스도의 가치를 깎아내립니다. 나는 길을 잃었고 멸망으로 가고 있습니다. 구원과 관련해, 나는 공의, 곧 정의를 요구할 권리를 모두 상실했습니다. 내가 할 수 있는 일이라곤 자비를 구하는 것뿐입니다.

그때 나는 그리스도께서 고난받고 죽으신 것을 봅니다. 누구를 위해서입니까? 성경은 "그리스도께서 **교회를** 사랑하시고 그 **교회를** 위하여 자신을 주셨다"고 말하고(엡 5:25), "사람이 **친구를** 위하여 자기 목숨을 버리면 이보다 더 큰 사랑이 없나니"라고 말하며(요 15:13), "인자가 온 것은 섬김을 받으려 함이 아니라 도리어 섬기려 하고 자기 목숨을 **많은 사람의** 대속물로 주려 함이니라"고 말합니다(마 20:28).

그렇다면 나는 묻습니다. 내가 그 '많은 사람' 중 하나일까? 내가 그분의 '친구'일까? 내가 그 '교회'에 속할까? 나는 그 대답을 듣습니다. "주 예수를 믿으라 그리하면 너와 네 집이 구원을 받으리라"(행 16:31). "누구든지 주의 이름을 부르는 자는 구원을 받으리라"(롬 10:13). "그를 믿는 사람들이 다 그의 이름을 힘입어 죄 사함을 받는다 하였느니라"(행 10:43). "영접하는 자 곧 그 이름을 믿는 자들에게는 하나님의 자녀가 되는 권세를 주셨으니"(요 1:12). "그를 믿는 자마다 멸망하지 않고 영생을 얻게 하려 하심이라"(요 3:16).

나는 마음이 요동하고, 그리스도의 아름다움과 풍성함을 나의 보화로 받아들입니다. 그러자 곧 나를 향한 그리스도의 사랑이 내 마음에 흘러듭니다. 그래서 나는 초대 교회 증인들과 함께 말합니다. 그분이 "나를 사랑하사 나를 위하여 자기를 버리셨다."

이 말은 무슨 뜻일까요? 그리스도께서 내게 가능한 가장 큰 선물을 주려고 가능한 가장 큰 값을 치르셨다는 뜻입니다. 그 선물이 무엇입니까? 예수님이 생애 마지막에 기도하며 구하신 선물입니다. "아버지여 내게 주신 자도 나 있는 곳에 나와 함께 있어 아버지께서 창세 전부터 나를 사랑하시므로 내게 주신 나의 영광을 그들로 보게 하시기를 원하옵나이다"(요 17:24). 예수님의 고난과 죽음에서 "우리가 그의 영광을 보니 아버지의 독생자의 영광이요 은혜와 진리가 충만"합니다(요 1:14). 우리는 그분의 계획에 매료될 만큼 충분히 보았습니다. 그러나 가장 좋은 것은 아직 오지 않았습니다. 그분은 우리를 위해 이것을 확보하려고 죽으셨습니다. 그것은 바로 그리스도의 사랑입니다.

7

예수님이 오셔서 죽으신 이유

우리를 향한 율법의 법적 요구를 제거하기 위해

> 또 범죄와 육체의 무할례로 죽었던 너희를
> 하나님이 그와 함께 살리시고 우리의 모든 죄를 사하시고
> 우리를 거스르고 불리하게 하는
> 법조문으로 쓴 증서를 지우시고 제하여 버리사
> 십자가에 못 박으시고
> 골로새서 2:13-14

언젠가 우리의 선행이 우리의 악행을 능가하리라는 생각은 어리석기 짝이 없습니다. 그 이유는 두 가지 입니다.

첫째, 이것은 **사실이 아닙니다.** 우리의 선행이라도 결함이 있습니다. 우리는 선을 행하는 방식에서 하나님을 높이지 않기 때문입니다. 당신은 하나님의 더없는 가치를 알릴 목적으로 기쁘게 하나님을 의지하며 선을 행합니까? "하나님이 공급하시는 힘으로 … 범사에 예수 그리스도로 말미암아 하나님이 영광을 받으시게" 사람들을 섬기라는 아주 중요한 명령을 이행합니까(벧전 4:11)?

그렇지 않다면 우리는 "믿음을 따라 하지 아니하는 것은 다 죄니라"는 하나님의 말씀에 무엇이라 답해야겠습니까(롬 14:23)? 생각건대, 아무 말도 하지 말아야 합니다. "무릇 율법이 말하는 바는 … 모든 입을 막으려는" 것입니다(롬 3:19). 우리는 아무 말도 하지 못할 것입니다. 하나님 앞에서 우리의 선행이 우리의 악행을 능가하리라는 생각은 어리석습니다. 그리스도를 높이는 믿음이 없으면 우리의 행위는 그 무엇도 아닌 반역만을 의미할 것입니다.

선행에 소망을 두는 게 어리석은 둘째 이유는, 이것이 **하나님이 구원하시는 방식이 아니기** 때문입니다. 우리가 자신의 악행이 초래한 결과에서 구원을 받았다면, 이는 우리의 악행이 우리의 선행보다 가볍기 때문은 아닙니다. 하늘에 있는 "법조문으로 쓴 증서" 곧 우리의 빚문서가 그리스도의 십자가에 못 박혔기 때문입니다. 하나님은 죄인들의 행위를 달아보는 방식이 아니라 전혀 다른 방식으로 우리를 구원하십니다. 우리의 행위에는 소망이 없습니다. 오직 그리스도의 고난과 죽음에만 소망이 있습니다.

기록된 선행과 악행의 균형을 맞춤으로써 구원을 받는 것이 아닙니다. 구원은 오로지 기록을 폐기함으로써 받습니다. (결함 있는 우리의 선행을 비롯해) 우리의 악행에 관한 기록이 각각에 마땅한 공의로운 형벌과 함께 삭제되어야 합니다. 균형을 맞춰야 하는 게 아닙니다. 예수 그리스도께서는 바로 이것을 성취하려고 고난받고 죽으셨습니다.

우리의 행위가 담긴 기록은 "십자가에 못 박혔을" 때 지워졌습니다(골 2:13). 어떻게 이 파멸의 기록이 십자가에 못 박혔습니까? 양피지가 십자가에 못 박힌 게 아닙니다. 그리스도께서 십자가에 못 박히셨습니다. 이로써 그리스도께서 나의 악행(선행)이 기록된 파멸의 문서가 되셨습니다. 내가 당할 파멸을 그분이 당하셨습니다. 그분이 나의 구원을 완전히 다른 초석에 올려놓으셨습니다. 그분이 나의 유일한 소망입니다. 그분을 믿는 것이 내가 하나님께 나아가는 유일한 길입니다.

8

많은 사람의 대속물이 되기 위해

> 인자가 온 것은 섬김을 받으려 함이 아니라
> 도리어 섬기려 하고
> 자기 목숨을 많은 사람의 대속물로 주려 함이니라
> **마가복음 10:45**

성경은 죄인들을 구원하려면 사탄에게 값을 치러야 한다고 말하지 않습니다. 그리스도께서 죽으셨을 때 사탄은 값을 받은 게 아니라 패배했습니다. 하나님의 아들이 사람이 되신 것은 "죽음을 통하여 죽음의 세력을 잡은 자 곧 마귀를 멸하시기" 위해서였습니다(히 2:14). 협상은 없었습니다.

예수님이 자신이 온 것은 "자기 목숨을 많은 사람의 대속물로 주려 함이니라"고 하실 때, 초점은 누가 그 값을 받느냐에 맞춰지지 않습니다. 초점은 그 값이 그분의 생명이라는 것에 맞춰지고, 섬김을 받는 것이 아닌 섬기는 그분의 자유에 맞춰지며, 그분이 치르신

값에서 유익을 얻을 "많은 사람"에게 맞춰집니다.

누가 대속물을 받았느냐고 묻는다면 성경은 분명히 하나님이라고 답할 것입니다. 성경은 그리스도께서 "우리를 위하여 자신을 버리사 향기로운 제물과 희생제물로 **하나님께** 드리셨느니라"고 말합니다(엡 5:2). 그리스도께서 "흠 없는 자기를 하나님께 드리"셨습니다(히 9:14). 대속물이 우리를 대신해 죽어야 하는 이유는 우리가 하나님께 죄를 지었고 '하나님의' 영광에 이르지 못했기 때문입니다(롬 3:23). 또 우리의 죄로 인해 온 세상이 하나님의 심판 아래 있습니다(롬 3:19). 그러므로 성경은 그리스도께서 자신을 우리의 대속물로 주실 때 우리가 하나님의 정죄에서 해방된다고 말합니다. "이제 그리스도 예수 안에 있는 자에게는 결코 정죄함이 없"습니다(롬 8:1). 우리는 마지막 "하나님의 심판"이라는 궁극적인 속박에서 풀려나야 합니다(롬 2:2; 참조. 계 14:7).

우리를 하나님의 정죄에서 해방하기 위해 지급된 속전, 곧 대속물은 그리스도의 생명입니다. 단순히 그리스도께서 사셨던 삶이 아니라 그리스도께서 죽음으로 내어 주신 그분의 생명입니다. 예수님은 제자들에게 "인자가 사람들의 손에 넘겨져 죽임을 당하"리라고 거듭 말씀하셨습니다(막 9:31). 사실, 예수님이 자신을 "인자" 곧 사람의 아들이라 부르길 좋아하셨던 이유 중 하나는(예수님은 복음서에서 65회 이상 자신을 인자라 부르셨습니다) 이 용어가 '반드시 죽을 존재'라는 의미를 내포하기 때문입니다. 사람은 죽습니다. 이 때문에 예수님은 사람이어야 했습니다. 인자, 곧 사람의 아들만이 대속물, 곧 속전이 될 수 있었습니다. 대속물, 곧 속전은 죽음으로 내어 놓은 생명이었기 때문입니다.

예수님은 강압에 짓눌려 속전을 내신 게 아닙니다. 이것이 "인자가 온 것은 섬김을 받으려 함이 아니라 도리어 섬기려 하고"라는 말씀의 핵심입니다. 예수님은 우리에게 섬김을 받으실 필요가 없었습니다. 그분은 받는 분이 아니라 주는 분입니다. 그래서 예수님은 "이를[내 생명을] 내게서 **빼앗는** 자가 있는 것이 아니라 내가 스스로 버리노라"고 하셨습니다(요 10:18). 속전을 자진해서 치르셨습니다. 강요에 못 이겨 치르신 게 아닙니다. 그래서 우리는 다시 그리스도의 사랑으로 돌아갑니다. 그리스도께서 스스로 자신의 생명을 희생해 우리를 구원하기로 선택하셨습니다.

그리스도께서 속전을 치르고 얼마나 많은 사람을 죄에서 구원하셨습니까? 그리스도께서는 자신이 온 것은 "자기 목숨을 **많은 사람의** 대속물로 주려 함이니라"고 하셨습니다. 그러나 모든 사람이 다 하나님의 진노에서 대속받지는 않을 것입니다. 그러나 이 '제안'은 모두를 위한 것입니다. "하나님은 한 분이시요 또 하나님과 사람 사이에 중보자도 한 분이시니 곧 사람이신 그리스도 예수라 그가 **모든 사람을 위하여** 자기를 대속물로 주셨으니"(딤전 2:5-6). 보화, 곧 대속하시는 그리스도를 받아들이는 사람은 누구도 이 구원에서 제외되지 않습니다.

9

우리의 죄를 사하기 위해

> 우리는 그리스도 안에서
> 그의 은혜의 풍성함을 따라
> 그의 피로 말미암아 속량 곧 죄 사함을 받았느니라
> **에베소서 1:7**

> 이것은 죄 사함을 얻게 하려고
> 많은 사람을 위하여 흘리는 바 나의 피 곧 언약의 피니라
> **마태복음 26:28**

우리는 빚을 탕감하거나, 범법이나 상해를 용서할 때 합의금을 요구하지 않습니다. 합의금을 요구한다면 용서가 아닐 것입니다. 손해를 배상받는다면 용서가 필요 없습니다. 우리는 마땅한 몫을 받았을 뿐입니다.

용서는 은혜를 전제합니다. 은혜는 누군가 내게 상해를 입혔더라도 문제 삼지 않습니다. 그 사람을 고소하지 않습니다. 그를 용서합

니다. 은혜는 그 사람이 받을 자격이 없는 것을 그에게 줍니다. 이 때문에 '용서'라는 뜻의 영어 단어(forgiveness)에는 '주다'(give)라는 뜻이 들어있습니다. 용서(for'give'ness)는 균형이 맞도록 '갖는' 것('get'ting even)이 아닙니다. 다시 말해, 용서는 '되갚음'이 아닙니다. 용서는 되갚을 권리를 포기하는 것입니다.

우리가 그리스도를 믿을 때 하나님이 우리에게 이렇게 하십니다. 성경은 "그를 믿는 사람들이 다 그의 이름을 힘입어 죄 사함을 받는다"고 말합니다(행 10:43). 우리가 그리스도를 믿으면 하나님은 우리의 죄를 우리에게 돌리지 않으십니다. 하나님은 "나 곧 나는 나를 위하여 네 허물을 도말하는 자니"라고 하시고(사 43:25) "동이 서에서 먼 것 같이 우리의 죄과를 우리에게서 멀리 옮기셨으며"라고 하시며(시 103:12) 성경에서 이것을 직접 증언하십니다.

그러나 여기에 문제가 하나 있습니다. 모두 알듯이, 용서만으로는 충분하지 않습니다. 살인이나 성폭행처럼 상해가 클 때만 보더라도 알 수 있습니다. 판사들이 (또는 하나님이) 모든 살인자나 성폭행범에게 그저 "미안하시죠? 됐습니다. 국가가 당신을 용서합니다. 그러니 이제 가셔도 좋습니다"라고 말한다면 우리 사회는 물론 전 세계가 유지될 수 없습니다. 모두가 알듯이, 이런 경우 희생자가 용서할 마음이 있더라도 국가는 정의를 버릴 수 없습니다.

하나님의 정의, 곧 공의도 다르지 않습니다. 모든 죄는 심각합니다. 모든 죄는 하나님을 거스르는 것이기 때문입니다(1장을 보십시오). 우리가 하나님을 무시하거나 하나님께 불순종하거나 하나님을 모독할 때 하나님의 영광이 손상됩니다. 하나님은 공의로우시기에 우리를 내버려두실 수 없습니다. 인간 판사가 범죄자들이 사회에 진 모든 빚을 탕감해 줄 수 없는 것과 같습니다. 우리의 죄가 하나님의 영광에 입힌 손상은 반드시 회복되어야 합니다. 그래야 공의 가운데 하나님의 영광이 더욱 밝게 빛나기 때문입니다. 우리 범죄자들이 풀려나고 용서받으려면, 하나님을 모독한 자들이 풀려나더라도 하나님의 영광이 유지된다는 극적 증거가 있어야 합니다.

그래서 그리스도께서 고난받고 죽으셨습니다. "우리는 그리스도 안에서 그의 은혜의 풍성함을 따라 **그의 피로 말미암아** 속량 곧 죄 사함을 받았느니라"(엡 1:7). 용서는 우리에게 아무 값도 물리지 않습니다. 우리의 순종은 모두 용서의 열매일 뿐 용서의 근거가 아닙니다. 그래서 우리는 용서를 은혜라 부릅니다. 그러나 예수님께 용서의 값은 그분의 생명이었습니다. 그래서 우리는 용서를 공의라 부릅니다. 하나님이 우리의 죄를 우리에게 돌리지 않으신다니 얼마나 귀한 소식입니까? 하나님이 이렇게 하심이 옳은 이유는 그리스도의 피 때문입니다. 아, 그리스도께서는 얼마나 아름다운 분이신지요!

10

우리가 의롭다 하심을 받을 기초를 놓기 위해

이제 우리가 그의 피로 말미암아
의롭다 하심을 받았으니
로마서 5:9

그리스도 예수 안에 있는 속량으로 말미암아
하나님의 은혜로 값 없이
의롭다 하심을 얻은 자 되었느니라
로마서 3:24

그러므로 사람이 의롭다 하심을 얻는 것은
율법의 행위에 있지 않고
믿음으로 되는 줄 우리가 인정하노라
로마서 3:28

하나님 앞에서 의롭다 하심을 받는 것과 하나님께 용서받는 것은 다릅니다. 법정에서 의롭다 하심을 받는 것과 용서받는 것은 다릅니다. 용서받는 것은 내가 유죄이며 나의 죄가 내게 돌려지지 않는다는 것을 암시합니다. 의롭다 하심을 받는 것은 내가 재판받고 무죄로 드러났다는 것을 암시합니다. 나의 주장이 정당하며, 나는 옳다고 인정받습니다. 판사가 "무죄!"라고 판결합니다.

의롭다 하심은 법적 행위입니다. 이것은 누군가를 의롭다고 선언하는 것입니다. 이것은 판결입니다. 그런데 의롭다는 판결이 사람을 의롭게 '만들지' 않습니다. 이 판결은 한 사람이 의롭다고 '선언'합니다. 이 선언은 누군가가 실제로 의롭다는 사실에 기초합니다. 성경에 이것을 가장 분명하게 보여주는 예가 있습니다. 사람들이 예수님의 가르침에 답해 하나님을 "의롭다"고 했습니다(눅 7:29). 이는 사람이 하나님을 의롭게 '만들었다는' 뜻이 아닙니다(하나님은 이미 의로우시기 때문입니다). 사람들이 하나님을 의롭다고 선언했다는 뜻입니다.

의롭다 하심, 곧 '칭의'란 그리스도를 믿을 때 경험하는 도덕적 변화가 아닙니다. 성경은 대개 이것을 거룩하게 하심, 곧 '성화'라 부릅니다. 성화란 선하게 되는 과정입니다. 의롭다 하심, 곧 칭의는 이러한 과정이 아닙니다. 의롭다 하심은 전혀 과정이 아닙니다. 의롭다 하심은 한순간에 일어나는 선언이자 판결입니다. 의롭다!

인간 법정에서 의롭다 함을 얻는 일반적인 방법은 법을 지키는 것입니다. 이 경우, 배심원과 판사는 우리와 관련해 무엇이 진실인지 선언할 뿐입니다. 우리가 법을 지켰다면, 이들은 우리가 의롭다고 선언합니다. 그러나 하나님의 법정에서 우리는 법, 곧 율법을 지키지 **못했습니다**. 그러므로 일반적으로 의롭다 하심을 얻을 소망이 없습니다. 성경은 심지어 "악인을 의롭다 … 하는 … 사람은 다 여호와께 미움을 받느니라"고 말합니다(잠 17:15). 그러나 성경은 놀랍게도 그리스도 때문에 하나님이 그분의 은혜를 의지하는 "경건하지 아니한 자를 의롭다 하"신다고도 말합니다(롬 4:5). 하나님이 가증스러워 보이는 일을 하십니다.

그런데 왜 이것이 가증스럽지 않습니까? 또는 성경이 말하듯이, 어떻게 하나님이 "자기도 의로우시며 **또한** 예수 믿는 자를 의"롭다 하실 수 있습니까(롬 3:26)? 하나님이 그리스도를 믿는 경건하지 않은 자들을 의롭다고 하시는 것은 가증스럽지 않은데, 여기에는 두 가지 이유가 있습니다. 첫째, **그리스도께서 그분의 피를 흘려 우리의 범죄에 대한 죄책을 제거하셨기** 때문입니다. 그래서 성경은 "이제 우리가 **그의 피로 말미암아** 의롭다 하심을 받았으니"라고 말합니다(롬 5:9). 그러나 이는 죄책을 제거하는 것일 뿐 우리를 의롭다고 선언하지 않습니다.

율법을 지키지 못한 우리의 실패를 삭제하는 것과 우리를 율법 준수자라고 선언하는 것은 다릅니다. 선생이 성적표에서 F 학점을 삭제하는 것과 A 학점을 선언하는 것은 다릅니다. 은행이 내 계좌의 빚을 탕감하는 것과 내가 부자라고 선언하는 것은 다릅니다. 마찬가지로, 우리의 죄를 삭제하는 것과 우리를 의롭다고 선언하는 것은 다릅니다.

삭제는 반드시 일어나야 합니다. 이것은 의롭다 하심, 곧 칭의에 필수입니다. 그러나 이게 전부가 아닙니다. 하나님이 경건하지 않은 자들을 믿음으로 의롭다고 하시는 것이 가증스럽지 않은 이유가 하나 더 있는데, 이 부분은 다음 장에서 살펴보겠습니다.

11

우리의 의가 될 완전한 순종을 이루기 위해

사람의 모양으로 나타나사
자기를 낮추시고 죽기까지 복종하셨으니
곧 십자가에 죽으심이라
빌립보서 2:8

한 사람이 순종하지 아니함으로 많은 사람이 죄인 된 것 같이
한 사람이 순종하심으로 많은 사람이 의인이 되리라
로마서 5:19

하나님이 죄를 알지도 못하신 이를
우리를 대신하여 죄로 삼으신 것은
우리로 하여금 그 안에서 하나님의 의가 되게 하려 하심이라
고린도후서 5:21

내가 가진 의는 율법에서 난 것이 아니요
오직 그리스도를 믿음으로 말미암은 것이니
빌립보서 3:9

의롭다 하심, 곧 칭의란 단순히 나의 불의가 제거되는 게 아닙니다. 의롭다 하심이란 그리스도의 의가 내게 전가되는 것이기도 합니다. 나는 하나님께 내세울 의가 없습니다. 나는 하나님 앞에서 "내가 가진 의는 율법에서 난 것이 아니요 오직 그리스도를 믿음으로 말미암은 것이니"라고 말할 수 있을 뿐입니다(빌 3:9).

이는 그리스도의 의입니다. 그리스도의 의가 내게 전가됩니다. 이것은 그리스도께서 모든 의를 완전하게 성취하셨다는 뜻입니다. 내가 그리스도를 믿을 때 그리스도의 의가 나의 의로 여겨졌다는 뜻이기도 합니다. 나는 의롭다고 여겨졌습니다. 하나님이 그리스도의 완전한 의를 보시고, 그리스도의 의로 나를 의롭다고 선언하셨습니다.

그러므로 하나님이 "경건하지 아니한 자를 의롭다고 하시는" 것이(롬 4:5) 가증스럽지 않은 데는 두 가지 이유가 있습니다. 첫째, **그리스도의 죽음이 우리가 자신의 불의로 진 빚을 갚았기** 때문입니다(10장을 보십시오). 둘째, **그리스도의 순종이 우리가 하나님의 법정에서 의롭게 되는 데 필요한 의를 우리에게 주었기** 때문입니다. 우리가 영생에 들어가려면 하나님의 요구를 충족해야 합니다. 다시 말해, 단지 우리의 불의가 지워지는 게 아니라 우리의 완전한 의가 세워져야 합니다.

그리스도의 고난과 죽음은 둘 모두를 떠받치는 기초입니다. 그리스도의 고난은 우리의 불의가 받아 마땅한 고난입니다. "그가 찔림은 우리의 허물 때문이요 그가 상함은 우리의 죄악 때문이라"(사 53:5). 또한 그리스도의 고난과 죽음은 우리가 의롭다 하심을 얻는 기초가 되는 순종의 절정이자 완성입니다. 그리스도께서 "자기를 낮추시고 죽기까지 복종하셨으니 곧 십자가에 죽으심이라"(빌 2:8). 그리스도의 순종은 그분의 죽음에서 정점에 이르렀습니다. 성경이 "한 사람이 순종하심으로 많은 사람이 의인이 되리라"고 말할 때 (롬 5:19) 바로 이것을 가리킵니다.

그러므로 그리스도의 죽음은 우리가 용서받고 완전해지는 기초가 되었습니다. "하나님이 죄를 알지도 못하신 이를 우리를 대신하여 죄로 삼으신 것은 우리로 하여금 그 안에서 하나님의 의가 되게 하려 하심이라"(고후 5:21). 하나님이 죄 없는 그리스도를 죄가 되게 하셨다는 말은 무슨 뜻입니까? 또 (죄인인) 우리가 그리스도 안에서 하나님의 의가 되었다는 말은 무슨 뜻입니까? 이는 그리스도의 의가 우리에게 전가되고, 따라서 그분이 우리의 완전함이 되셨다는 뜻입니다.

고난과 죽음으로 모든 것을 성취하신 그리스도께서 높임을 받으시기를 원합니다. 그리스도께서 우리의 죄를 사하셨고 우리에게 의를 주셨습니다. 이 놀라운 성취를 이루신 그리스도를 찬양하고 보화로 여기며 신뢰합시다.

우리가 정죄받지 않도록 하기 위해

누가 정죄하리요
죽으실 뿐 아니라 다시 살아나신 이는 그리스도 예수시니
그는 하나님 우편에 계신 자요
우리를 위하여 간구하시는 자시니라
로마서 8:34

그리스도의 고난과 죽음에 이어지는 큰 결론은 이것입니다. "그러므로 이제 그리스도 예수 안에 있는 자에게는 결코 정죄함이 없나니"(롬 8:1). "그리스도 예수 안에" 있다는 것은 믿음으로 그분과 관계를 맺고 있다는 뜻입니다. 우리는 그리스도를 믿음으로써 그분과 연합하며, 이로 인해 그분의 죽음이 우리의 죽음이 되고 그분의 완전함이 우리의 완전함이 됩니다. 그리스도께서 우리의 형벌이 되시고(그래서 우리는 형벌을 받을 필요가 없습니다) 우리의 완전함이 되십니다(우리 스스로는 이 완전함에 이를 수 없습니다).

믿음은 하나님이 우리를 받아들이시는 근거가 아닙니다. 그 근거는 오직 그리스도입니다. 믿음은 우리를 그리스도와 연합시키며, 이로써 그분의 의가 우리의 의로 여겨집니다. "사람이 의롭게 되는 것은 율법의 행위로 말미암음이 아니요 오직 예수 그리스도를 믿음으로 말미암는 줄 알므로 우리도 그리스도 예수를 믿나니 이는 우리가 율법의 행위로써가 아니고 그리스도를 믿음으로써 의롭다 함을 얻으려 함이라 율법의 행위로써는 의롭다 함을 얻을 육체가 없느니라"(갈 2:16). "믿음으로써 의롭다 함을 얻"는 것과 "그리스도 안에서 의롭게 되"는 것은(갈 2:17) 같은 말입니다. 우리는 믿음으로 그리스도 안에 있으며, 그러므로 의롭게 됩니다.

그러므로 "누가 정죄하리요"라는 질문의 답은 '그 누구도 정죄하지 못한다'는 것입니다. 뒤이어 그 근거가 선언됩니다. "그리스도 예수는 죽으셨다"(롬 8:34, 새번역).

그리스도의 죽음이 우리의 자유, 곧 정죄로부터 벗어나는 자유를 보장합니다. 우리가 이제 정죄받지 않는다는 사실은 그리스도께서 죽으셨다는 것만큼 확실합니다. 그리스도의 법정에는 이중 처벌이 없습니다. 다시 말해, 우리는 같은 범죄에 대해 두 번 정죄받지 않습니다. 그리스도께서 우리의 죄를 위해 한 번 죽으셨습니다. 그러므로 우리는 우리의 죄에 대해 정죄받지 않습니다. 정죄가 사라졌습니다. 아무런 정죄도 없기 때문이 아니라, 정죄가 이미 있었기 때문입니다.

그러나 세상이 하는 정죄는 어떻습니까? 세상이 그리스도인들을 정죄하지 않습니까? '그 누구도 정죄하지 못한다'는 말의 뜻은 누구도 우리를 '성공적으로' 정죄할 수 없다는 것입니다. 세상이 우리를 고발할 수는 있습니다. 그러나 그 어떤 고발도 끝까지 가지 못할 것입니다. "누가 능히 하나님께서 택하신 자들을 고발하리요 의롭다 하신 이는 하나님이시니"(롬 8:33). "누가 우리를 그리스도의 사랑에서 끊으리요 환난이나 곤고나 박해나 기근이나 적신이나 위험이나 칼이랴"(롬 8:35). 이 질문의 답은 이런 일들이 그리스도인에게 일어나지 않는다는 것이 아닙니다. 이 질문의 답은 "이 모든 일에 우리를 사랑하시는 이로 말미암아 우리가 넉넉히 이기느니라"입니다(롬 8:37).

세상은 우리를 정죄할 것입니다. 심지어 그들은 뒤에 칼을 숨기고 있을지도 모릅니다. 그러나 우리는 압니다. 최고법원은 이미 우리에게 유리하게 판결했습니다. "하나님이 우리를 위하시면 누가 우리를 대적하리요"(롬 8:31).

그 누구도 우리를 성공적으로 대적할 수 없습니다. 세상이 우리를 배척하면 하나님이 우리를 받아들이십니다. 세상이 우리를 미워하면 하나님이 우리를 사랑하십니다. 세상이 우리를 가두면 하나님이 우리의 영을 자유롭게 하십니다. 세상이 우리를 괴롭히면 하나님이 그 불로 우리를 연단하십니다. 세상이 우리를 죽이면 하나님이 이것을 우리가 낙원에 이르는 통로가 되게 하십니다. 세상은 우리를 이길 수 없습니다. 그리스도께서 죽으셨고, 죽은 자 가운데서 다시 살아나셨습니다. 우리는 그리스도 안에서 살아 있습니다. 그리스도 안에는 결코 정죄함이 없습니다. 우리는 용서받았고 의롭습니다. "의인은 사자같이 담대하니라"(잠 28:1).

13

구원의 기초로서 할례를 비롯한 모든 의식을 폐지하기 위해

> 형제들아 내가 지금까지 할례를 전한다면…
> 십자가의 걸림돌이 제거되었으리니
> **갈라디아서 5:11**

> 무릇 육체의 모양을 내려 하는 자들이
> 억지로 너희에게 할례를 받게 함은
> 그들이 그리스도의 십자가로 말미암아
> 박해를 면하려 함뿐이라
> **갈라디아서 6:12**

초대 교회는 할례를 두고 큰 논쟁에 휘말렸습니다. 하나님이 아브라함에게 할례를 명하신 후(창 17:10), 할례는 성경에서 오랫동안 존중받는 위치에 있었습니다. 그리스도께서는 유대인이셨습니다. 그분의 열두 사도도 유대인이었습니다. 초대 교회 개종자들은 거의 모두 유대인이었습니다. 유대교 성경은 기독교 성경의 일부였고 지금도 그렇습니다. 유대교 의식들이 기독교로 넘어오는 것은 놀라운 일이 아닙니다.

실제로 유대교 의식들이 기독교로 넘어왔습니다. 논쟁도 함께 왔습니다. 그리스도의 메시지가 수리아의 안디옥과 같은 비유대인 도시들로 퍼져 나가고 있었습니다. 이방인들이 그리스도를 믿고 있었습니다. 긴급한 질문이 생겨났습니다. 복음의 핵심 진리는 어떻게 할례와 같은 의식들과 연결됩니까? 의식들이 그리스도의 복음, 곧 그리스도를 믿으면 죄를 용서받고 하나님 앞에서 의롭게 된다는 소식과 어떻게 연결됩니까?

이방인 세계 구석구석에서, 사도들은 오직 믿음으로 죄를 용서받고 의롭다 하심을 얻는다고 전파했습니다. 베드로는 이렇게 전파했습니다. "그에[그리스도에] 대하여 모든 선지자도 증언하되 그를 믿는 사람들이 다 그의 이름을 힘입어 **죄 사함**을 받는다 하였느니라"(행 10:43). 바울은 이렇게 전파했습니다. "그러므로 형제들아 너희가 알 것은 … 모세의 율법으로 너희가 **의롭다 하심**을 얻지 못하던 모든 일에도 이 사람을 힘입어 믿는 자마다 **의롭다 하심**을 얻는 이것이라"(행 13:38-39).

그런데 할례는 어떻습니까? 어떤 예루살렘 사람들은 할례가 필수라고 생각했습니다. 안디옥이 논쟁의 화약고가 되었습니다. "어떤 사람들이 유대로부터 내려와서 형제들을 가르치되 너희가 모세의 법대로 할례를 받지 아니하면 능히 구원을 받지 못하리라 하니"(행 15:1). 공의회가 소집되었고 이 문제를 두고 격론이 벌어졌습니다.

"바리새파 중에 어떤 믿는 사람들이 일어나 말하되 이방인에게 할례를 행하고 모세의 율법을 지키라 명하는 것이 마땅하다 하니라 … 베드로가 일어나 말하되 형제들아 너희도 알거니와 하나님이 이방인들로 내 입에서 복음의 말씀을 들어 믿게 하시려고 오래 전부터 너희 가운데서 나를 택하시고 … 그런데 지금 너희가 어찌하여 하나님을 시험하여 우리 조상과 우리도 능히 메지 못하던 멍에를 제자들의 목에 두려느냐 그러나 우리는 그들이 우리와 동일하게 주 예수의 은혜로 구원 받는 줄을 믿노라…"(행 15:5-12).

바울은 문제의 핵심을 누구보다 정확하게 파악했습니다. 그리스도의 고난과 죽음이 갖는 의미 자체가 위험에 처한 것입니다.

그리스도를 믿는 것만으로 우리는 하나님과 바른 관계를 갖기에 충분할까요, 아니면 할례도 꼭 필요할까요? 답은 분명합니다. 만일 바울이 할례를 전했다면 "십자가의 걸림돌이 제거되었"을 것입니다(갈 5:11). 그러나 십자가는 의식의 종살이에서 벗어나는 자유를 뜻합니다. "그리스도께서 우리를 자유롭게 하려고 자유를 주셨으니 그러므로 굳건하게 서서 다시는 종의 멍에를 메지 말라"(갈 5:1).

예수님이 오셔서 죽으신 이유

14

우리가 믿고 그 믿음을 유지하게 하기 위해

이르시되 이것은 많은 사람을 위하여 흘리는
나의 피 곧 언약의 피니라
마가복음 14:24

내가 … 영원한 언약을 그들에게 세우고
나를 경외함을 그들의 마음에 두어
나를 떠나지 않게 하고
예레미야 32:40

성경은 '옛 언약'과 '새 언약'에 대해 말합니다. 언약이란 양측이 맺은 엄숙하고 구속력 있는 계약을 가리키는데, 양측 모두에게 의무를 부여하고 이를 맹세로 강제합니다. 성경에서 우리는 하나님이 사람과 언약을 맺을 때 직접 주도하시는 모습을 봅니다. 하나님이 언약의 항목을 정하십니다. 하나님의 목적에 따라 그분의 의무 조항이 결정됩니다.

'옛 언약'이란 하나님이 모세 율법으로 이스라엘과 맺으신 계약을 가리킵니다. 옛 언약은 영적 변화를 수반하지 않습니다. 그래서 옛 언약은 지켜지지 못했고 생명을 주지 못했습니다. 옛 언약은 문자로 돌판에 기록되었을 뿐 성령으로 마음에 기록되지 않았습니다. 선지자들은 옛 언약과 다른 '새 언약'을 약속했습니다. 새 언약은 "율법 조문으로 하지 아니하고 오직 영으로 함이니 율법 조문은 죽이는 것이요 영은 살리는 것"입니다(고후 3:6).

새 언약은 옛 언약보다 철저히 더 유효합니다. 새 언약은 예수님의 고난과 죽음을 기초로 제정되었습니다. 예수님이 "새 언약의 중보자"이십니다(히 9:15). 예수님은 자신의 피를 가리켜 "많은 사람을 위하여 흘리는 나의 피 곧 언약의 피"라고 하셨습니다(막 14:24). 이는 예수님의 피가 새 언약의 능력과 약속을 샀다는 의미입니다. 새 언약이 더없이 유효한 것은, 그리스도께서 죽으심으로 새 언약을 더없이 유효하게 하셨기 때문입니다.

그렇다면 그리스도의 피로 확실하게 보장된 언약의 항목은 무엇인가요? 예레미야 선지자가 그중 몇 가지를 말합니다. "내가 이스라엘 집과 유다 집에 새 언약을 맺으리라 … 내가 나의 법을 그들의 속에 두며 그들의 마음에 기록하여 … 내가 그들의 악행을 사하고 다시는 그 죄를 기억하지 아니하리라"(렘 31:31-34). 이처럼 그리스도의 고난과 죽음은 그분의 백성이 내적으로 변화되고(율법이 이들의 마음에 기록됩니다) 죄를 용서받을 것을 보장합니다.

이 언약이 절대로 실패하지 않도록 그리스도께서 주도적으로 그분의 백성에게 믿음을 주시고 그 믿음을 지키십니다. 또한 그리스도께서는 율법을 돌판이 아닌 마음에 기록하셔서 새 언약의 백성을 생겨나게 하십니다. 예수님은 돌판에 쓴 "조문"과 대조적으로 "영은 살리는 것"이라고 말씀하십니다(고후 3:6). 하나님이 "허물로 죽은 우리를 그리스도와 함께 살리셨"습니다(엡 2:5). 이것이 우리가 그리스도의 영광을 보고 또 믿을 수 있게 하는 영적 생명입니다. 이 기적이 새 언약의 백성을 생겨나게 합니다. 이 사실이 틀림없고 확실한 이유는 그리스도께서 그분의 피로 이를 사셨기 때문입니다.

이 기적은 우리의 믿음을 생겨나게 할 뿐만 아니라 우리의 믿음을 지켜 줍니다. "내가 … 영원한 언약을 그들에게 세우고 나를 경외함을 그들의 마음에 두어 나를 떠나지 않게 하고"(렘 32:40). 그리스도께서는 죽으실 때 그분의 백성을 위해 새 마음뿐 아니라 새 안전까지 확보하셨습니다. 그리스도께서는 그분의 백성이 그분에게서 떠나도록 두지 않으실 것입니다. 예수님은 이들을 늘 지키실 것이며, 이들은 인내할 것입니다. 언약의 피가 이것을 보장합니다.

15

예수님이 오셔서 죽으신 이유

우리를 거룩하고 흠이 없으며
완전하게 하기 위해

그가 거룩하게 된 자들을
한 번의 제사로 영원히 온전하게 하셨느니라
히브리서 10:14

이제는 그의 육체의 죽음으로 말미암아 화목하게 하사
너희를 거룩하고 흠 없고 책망할 것이 없는 자로
그 앞에 세우고자 하셨으니
골로새서 1:22

너희는 누룩 없는 자인데
새 덩어리가 되기 위하여 묵은 누룩을 내버리라
우리의 유월절 양 곧 그리스도께서 희생되셨느니라
고린도전서 5:7

그리스도인의 삶에서 변화가 더딘 것은 너무나 가슴 아픈 일입니다. 하나님은 우리에게 마음을 다하고 목숨을 다하고 뜻을 다하고 힘을 다해 하나님을 사랑하라고 명하십니다(막 12:30). 그런데 우리는 이토록 완전하게 하나님을 사랑하고 그분께 헌신한 적이 있습니까? 우리는 사도 바울처럼 자주 탄식합니다. "오호라 나는 곤고한 사람이로다 이 사망의 몸에서 누가 나를 건져내랴"(롬 7:24). 우리는 새 결심을 할 때조차 신음합니다. "내가 이미 얻었다 함도 아니요 온전히 이루었다 함도 아니라 오직 내가 그리스도 예수께 잡힌 바 된 그것을 잡으려고 달려가노라"(빌 3:12).

그리스도인의 인내와 기쁨의 비결은 무엇일까요? "내가 그리스도 예수께 잡힌 바" 되었다는 선언입니다. 우리는 그리스도 예수께 잡힌 바 되기 위해, 그분께 속하기 위해 애쓰지 않습니다(이 일은 이미 이루어졌습니다). 우리는 자기 안에 그분을 닮지 못한 구석을 온전히 채우기 위해 애쓰고 갈망하며 노력합니다.

그리스도인의 인내와 기쁨의 가장 큰 원천 가운데 하나는 우리의 모습이 불완전하더라도, 우리는 그리스도의 고난과 죽음으로 인해 이미 완전해졌음을 아는 것입니다. "그가 거룩하게 된 자들을 한 번의 제사로[다시 말해, 자신을 드림으로써] 영원히 온전하게 하셨느니라"(히 10:14). 참으로 놀랍습니다. 이 한 문장에서, 히브리서 저자는 우리가 "거룩하게" 되고 있으며(are being sanctified) 이미 "온전하게"(완전하게) 되었다(has perfected)고 말합니다.

거룩하게 되고 있다는 것은 우리가 불완전하며 과정에 있다는 뜻입니다. 우리는 거룩해지고 있습니다. 그런데 아직 완전히 거룩하지 못한 이 사람들이 정확히 이미 완전하게 된 사람들이며 오로지 이 사람들만이 완전합니다. 여기서 우리에게 기쁨과 격려가 되는 사실이 있습니다. 우리가 경험한 완전함이 아니라 우리가 경험한 성숙이 우리의 증거입니다. 좋은 소식은 우리가 점점 성숙해진다는 것이 우리가 이미 이르렀다는 증거라는 사실입니다.

성경은 이것을 반죽과 누룩이라는 옛 언어로 다시 묘사합니다. 여기서 누룩은 악입니다. 우리는 반죽 덩어리입니다. 성경은 말합니다. "너희는 누룩 없는 자인데 새 덩어리가 되기 위하여 묵은 누룩을 내버리라 우리의 유월절 양 곧 그리스도께서 희생되셨느니라"(고전 5:7). 그리스도인은 "누룩 없는 자"입니다. 다시 말해, 악이 없습니다. 우리는 완전합니다. 이런 까닭에 "묵은 누룩을 내버"려야 합니다. 우리는 그리스도 안에서 누룩 없는 자가 되었습니다. 그러므로 이제 행실에서 누룩 없는 자가 되어야 합니다. 다시 말해 진정한 우리가 되어야 합니다.

이 모든 것은 무엇에 기초합니까? "우리의 유월절 양 곧 그리스도께서 희생되셨느니라"는 말씀입니다. 그리스도의 고난이 우리의 완전함을 단단히 보장하기에 우리의 완전함은 이미 현실입니다. 그러므로 우리가 자기 죄에 맞서 싸우는 것은 그저 완전하게 '되기' 위해서가 아니라, 우리가 완전'하기' 때문입니다. 우리가 '우리의 완전함'이라는 확고한 기초 위에서 '우리의 불완전함'과 싸우는 비결은 바로 예수님의 죽음입니다.

예수님이 오셔서 죽으신 이유 — 16

우리에게 깨끗한 양심을 주기 위해

하물며 영원하신 성령으로 말미암아
흠 없는 자기를 하나님께 드린 그리스도의 피가
어찌 너희 양심을 죽은 행실에서 깨끗하게 하고
살아 계신 하나님을 섬기게 하지 못하겠느냐
히브리서 9:14

어떤 것들은 절대로 변하지 않습니다. 더러운 양심이란 문제는 아담과 하와까지 거슬러 올라갑니다. 아담과 하와는 죄를 짓자마자 양심이 더러워졌습니다. 이들의 죄책감이 파괴를 불러왔습니다. 죄책감은 이들과 하나님의 관계를 파괴했습니다. 다시 말해, 이들은 하나님을 피해 숨었습니다. 죄책감은 서로를 향한 관계를 파괴했습니다. 즉, 이들은 서로를 탓했습니다. 죄책감은 그들 자신과 서로 간의 평화를 파괴했습니다. 처음으로 이들은 자신을 보고 부끄러움을 느꼈습니다.

구약성경 전체에서, 양심은 중요한 문제였습니다. 그러나 동물 제사 자체가 양심을 깨끗하게 하지는 못했습니다. "예물과 제사는 섬기는 자를 그 양심상 온전하게 할 수 없나니 이런 것은 먹고 마시는 것과 여러 가지 씻는 것과 함께 육체의 예법일 뿐이며 개혁할 때까지 맡겨 둔 것이니라"(히 9:9-10). 하나님은 짐승의 피가 육신, 곧 의식적인(ceremonial) 부정을 깨끗하게 하기에는 충분하나 양심을 깨끗하게 하기에는 충분하지 못하다고 보셨습니다.

그 어떤 짐승의 피도 양심을 깨끗하게 할 수 없었습니다. 그들은 이 사실을 알았습니다(이사야 53장과 시편 51편을 보십시오). 우리도 압니다. 그래서 새로운 대제사장, 곧 하나님의 아들이신 예수님이 오셔서 더 나은 제물, 곧 자신을 드리셨습니다. "하물며 영원하신 성령으로 말미암아 흠 없는 자기를 하나님께 드린 그리스도의 피가 어찌 너희 양심을 죽은 행실에서 깨끗하게 하고 살아 계신 하나님을 섬기게 하지 못하겠느냐"(히 9:14). 구약의 동물 제사는 하나님의 아들이 드리실 최종 제사를 예표했습니다. 이 아들의 죽음이 그 뒤로는 구약 시대를 살았던 하나님 백성의 모든 죄를 덮고, 앞으로는 새 시대를 살아갈 하나님 백성의 모든 죄를 덮었습니다.

우리는 현대 사회에 살고 있습니다. 현대 사회는 과학과 인터넷과 장기이식과 실시간 메시지와 휴대전화의 시대입니다. 하지만 우리의 근본 문제는 언제나 똑같습니다. 우리의 양심이 우리를 정죄한다는 문제 말입니다. 우리는 자신이 하나님 앞에 나올 수 있을 만큼 선하다고 느끼지 못합니다. 우리의 양심이 얼마나 뒤틀렸든 이것이 사실입니다. 우리는 하나님 앞에 나올 수 있을 만큼 선하지 않습니다.

우리가 자기 몸을 상하게 하거나, 자녀를 바치거나, 비영리단체에 수억 원을 기부하거나, 추수감사절에 무료 급식소에서 봉사하거나, 온갖 형태로 참회와 자해를 하더라도 결과는 똑같습니다. 다시 말해, 얼룩이 그대로 남고 죽음은 두려움을 일으킵니다. 우리는 압니다. 우리의 양심은 더러워졌습니다. 시체를 만지거나 돼지고기를 먹는 것처럼 외적인 것들로 더러워진 것이 아닙니다. 예수님은 사람 속으로 들어가는 게 아니라 사람 속에서 나오는 것이 더럽다고 하셨습니다(막 7:15-23). 우리를 더럽히는 것은 교만과 자기 연민과 비통과 정욕과 시기와 질투와 탐심과 무관심과 두려움이고 이것들이 부추기는 행위입니다. 이들은 모두 "죽은 행실"입니다. 여기에는 영적 생명이 없습니다. 이것들은 죽음에서 비롯되며 죽음에 이릅니다. 이런 까닭에, 죽은 행실은 우리가 우리의 양심에 대해 절망하게 합니다.

여느 시대와 마찬가지로 현대에도 해답은 단 하나, 그리스도의 피입니다. 우리의 양심이 일어나 우리를 정죄할 때 우리는 어디로 향하겠습니까? 그리스도께로 향합니다. 그리스도의 고난과 죽음, 곧 그리스도의 피를 향합니다. 온 우주에서 이것만이 양심에 안위를 주고 죽어서는 평화를 주는 정화제입니다.

17

우리에게 좋은 모든 것을
우리를 위해 획득하기 위해

> 자기 아들을 아끼지 아니하시고
> 우리 모든 사람을 위하여 내주신 이가
> 어찌 그 아들과 함께 모든 것을
> 우리에게 주시지 아니하겠느냐
> **로마서 8:32**

저는 이 구절의 논리를 좋아합니다. 논리를 좋아해서가 아니라 우리의 실제적인 필요를 채워주기 때문입니다.

로마서 8장 32절 전반부와 후반부 사이에는 엄청나게 중요한 논리적 연결 고리가 있습니다. 후반부는 "어찌 그 아들과 함께 모든 것을 우리에게 주시지 아니하겠느냐"는 질문인데, 그것만으로는 연결 고리가 보이지 않을 것입니다. 그러나 이 질문을 그것이 암시하는 진술로 바꾸면 연결 고리가 보입니다. "자기 아들을 아끼지 아니하시고 우리 모든 사람을 위하여 내주신 이가 **그러므로 또한**

확실히 그 아들과 함께 모든 것을 우리에게 은혜로 주시리라."

이 연결 고리는 후반부를 절대적으로 확실하게 보장합니다. 하나님이 가장 어려운 일, 즉 자기 아들을 고난과 죽음에 내어 주는 일을 하셨습니다. 그렇다면 비교적 쉬운 일, 즉 그 아들과 함께 모든 것을 우리에게 주는 일도 분명히 하실 것입니다. 우리에게 모든 것을 주시겠다는 하나님의 전적인 약속은 그분의 아들을 희생하신 일보다도 확실합니다. 하나님이 "우리 모든 사람을 위하여" 그분의 아들을 주셨습니다. 이렇게 하셨는데 그분이 우리를 위하기를 그만두시겠습니까? 생각할 수 없는 일입니다.

하지만 "모든 것을 우리에게 주신다"는 말은 무슨 뜻입니까? 이것은 편안하고 쉬운 삶을 주신다는 뜻이 아닙니다. 적들로부터 안전한 삶을 주신다는 뜻도 아닙니다. 성경은 네 절 뒤에서 이렇게 말합니다. "우리가 종일 주를 위하여 죽임을 당하게 되며 도살 당할 양 같이 여김을 받았나이다 함과 같으니라"(롬 8:36). 지금도 많은 그리스도인이 이러한 박해를 받습니다.

그러면 이러한 "환난이나 곤고나 박해나 기근이나 적신이나 위험이나 칼" 때문에 우리가 그리스도의 사랑에서 끊어지지는 않을까요(롬 8:35)? 그 대답은 '아니오'입니다. 이런 일들이 그리스도인에게 일어나지 않기 때문이 아니라, "이 모든 일에 우리를 사랑하시는 이로 말미암아 우리가 넉넉히 이기"기 때문입니다(롬 8:37).

그렇다면 그리스도께서 우리를 위해 죽으셨기 때문에 하나님이 그리스도와 함께 "모든 것을" 우리에게 확실히 은혜로 주신다는 말은 무슨 뜻입니까? 하나님이 우리에게 좋은 모든 것을 우리에게 주신다는 뜻입니다. 우리가 하나님의 아들의 형상을 본받기 위해 실제로 필요한 모든 것을 우리에게 주신다는 뜻입니다(롬 8:29). 우리가 영원한 기쁨을 얻는 데 필요한 모든 것을 우리에게 주신다는 뜻입니다.

이것은 성경의 다른 약속, "나의 하나님이 그리스도 예수 안에서 영광 가운데 그 풍성한 대로 너희 모든 쓸 것을 채우시리라"는 약속과 같습니다(빌 4:19). 앞에 나오는 말씀에서 이 약속이 무엇인지 분명히 나타납니다. "나는 비천에 처할 줄도 알고 풍부에 처할 줄도 알아 모든 일 곧 배부름과 **배고픔**과 풍부와 **궁핍**에도 처할 줄 아는 일체의 비결을 배웠노라 내게 능력 주시는 자 안에서 내가 **모든 것**을 할 수 있느니라"(빌 4:12-13).

이 구절은 우리가 그리스도를 통해 "모든 것"을 할 수 있다고 말합니다. 그러나 "모든 것"에 "배고픔"과 "궁핍"(필요)이 포함된다는 것을 주목하십시오. 하나님은 모든 실제적인 필요를 채워주십니다. 그리고 여기에는 우리가 느끼는 수많은 필요가 채워지지 않더라도, 고난 중에 기뻐할 수 있는 능력이 포함됩니다. 다시 말해 하나님이 모든 실제적인 필요를 채워 주시는데, 여기에는 음식에 대한 필요가 채워지지 않더라도 은혜에 주릴 수 있는 능력이 포함됩니다. 우리가 하나님의 뜻을 행하고 그분께 영광을 돌리며 영원한 기쁨을 얻는 데 필요한 모든 것을 하나님이 우리에게 주십니다. 그리고 이것을 그리스도의 고난과 죽음이 보장합니다.

예수님이 오셔서 죽으신 이유

18

우리의 도덕적·육체적 질병을 치료하기 위해

> 그가 징계를 받으므로 우리는 평화를 누리고
> 그가 채찍에 맞으므로 우리는 나음을 받았도다
> **이사야 53:5**
>
> 예수께서 말씀으로
> 귀신들을 쫓아 내시고 병든 자들을 다 고치시니
> 이는 선지자 이사야를 통하여 하신 말씀에
> 우리의 연약한 것을 친히 담당하시고
> 병을 짊어지셨도다 함을 이루려 하심이더라
> **마태복음 8:16-17**

그리스도께서는 장차 질병을 완전히 섬멸하기 위해 고난을 받고 죽으셨습니다. 질병과 죽음은 본래 하나님이 세상을 대하시는 방식이 아니었습니다. 질병과 죽음은 하나님이 창조 세계에 내리시는 심판의 한 부분으로 죄와 함께 세상에 들어왔습니다. 성경은 "피조물이 허무한 데 굴복하는 것은 자기 뜻이 아니요 오직 굴복하게 하시는 이로 말미암음이라"고 말합니다(롬 8:20). 하나님은 도덕적 악이 얼마나 무서운지 보여주시려고 세상이 육체적 고통이라는 허무한 것에 굴복하게 하셨습니다.

이 허무한 것에 죽음이 포함됩니다. "한 사람으로 말미암아 죄가 세상에 들어오고 죄로 말미암아 사망이 들어왔나니"(롬 5:12). 이 허무한 것에는 질병에서 비롯된 모든 신음이 포함됩니다. 그리스도인이라고 예외가 아닙니다. "그뿐 아니라 또한 우리 곧 성령의 처음 익은 열매를 받은 우리까지도[곧, 그리스도를 믿는 자들까지도] 속으로 탄식하여 양자 될 것 곧 우리 몸의 속량을 기다리느니라"(롬 8:23).

그러나 질병에서 비롯된 이 모든 고통은 잠시입니다. 우리는 육체적 고통이 사라질 날을 고대합니다. 피조물이 허무한 것에 영원히 굴복한 게 아니었습니다. 성경은 하나님이 심판을 시작하실 때부터 소망을 목표로 하셨다고 말합니다. 하나님의 최종 목적은 "피조물도 썩어짐의 종 노릇 한 데서 해방되어 하나님의 자녀들의 영광의 자유에 이르는 것"입니다(롬 8:21).

그리스도께서 세상을 구속하는 사명을 안고 오셨습니다. 그리스도께서는 세상에 계실 때 많은 사람을 치유하심으로써 자신의 목적을 알리셨습니다. 무리가 모였을 때, 예수님이 "병든 자들을 다 고치신" 적이 있습니다(마 8:16; 참조. 눅 6:19). 역사의 끝에 일어날 일의 예고편이었습니다. 그날에 하나님이 "모든 눈물을 그 눈에서 닦아 주시니 다시는 사망이 없고 애통하는 것이나 곡하는 것이나 아픈 것이 다시 있지 아니"할 것입니다(계 21:4).

그리스도께서 죽음과 질병을 이기신 방법은 죽음과 질병을 직접 지고 무덤에 들어가신 것입니다. 질병을 초래한 죄에 하나님이 내리시는 심판을 예수님이 고스란히 받고 죽으셨습니다. 이사야 선지자는 그리스도의 죽음을 이렇게 설명했습니다. "그가 찔림은 우리의 허물 때문이요 그가 상함은 우리의 죄악 때문이라 그가 징계를 받으므로 우리는 평화를 누리고 **그가 채찍에 맞으므로 우리는 나음을 받았도다**"(사 53:5). 예수님의 등에 가한 끔찍한 채찍질이 질병 없는 세상을 가져왔습니다.

장차 모든 질병이 하나님이 구속하신 창조 세계에서 사라질 것입니다. 새 하늘과 새 땅이 있을 것입니다. 우리는 새 몸을 입을 것입니다. 죽음이 영원한 생명에게 삼켜질 것입니다(고전 15:54; 고후 5:4). "이리와 어린 양이 함께 먹을 것이며 사자가 소처럼 짚을 먹을 것"입니다(사 65:25). 그리스도를 사랑하는 모든 이들이 우리를 죄와 죽음과 질병에서 구속하려고 죽임당하신 어린양께 감사의 노래를 부를 것입니다.

19

그분을 믿는 모두에게 영생을 주기 위해

하나님이 세상을 이처럼 사랑하사 독생자를 주셨으니
이는 그를 믿는 자마다 멸망하지 않고
영생을 얻게 하려 하심이라
요한복음 3:16

가장 행복할 때는 죽고 싶은 마음이 들지 않습니다. 고통이 견딜 수 없을 때에만 죽고 싶은 마음이 듭니다. 하지만 이럴 때조차 우리가 정말로 원하는 것은 죽음이 아니라 구조입니다. 우리는 좋은 시절이 다시 오기를 간절히 바랍니다. 아픔이 사라지기를 바랍니다. 사랑하는 사람이 무덤에서 돌아오기를 바랍니다. 우리는 생명과 행복을 원합니다.

죽음은 잘 살아온 삶의 절정이라고 낭만적으로 말한다면, 스스로를 속이는 것입니다. 죽음은 원수입니다. 죽음은 우리를 이 세상 모든 즐거움으로부터 떼어 놓습니다. 우리는 죽음을 달콤한 이름으로, 단지 온갖 악 중에 한 가지인 것처럼 부릅니다. 그러나 우리의 고통에 최후의 일격을 날리는 이 집행인은, 갈망의 성취가 아니라 소망의 종말입니다. 사람의 마음에 자리한 갈망은 살고 또 행복해지는 것입니다.

하나님이 우리를 그렇게 지으셨습니다. "하나님이 … 사람들에게는 영원을 사모하는 마음을 주셨"습니다(전 3:11). 우리는 하나님의 형상으로 창조되었는데, 하나님은 생명을 사랑하고 영원히 살아 계십니다. 우리는 영원히 살도록 지어졌고, 또 영원히 살 것입니다.

영원한 생명의 반대는 영원한 소멸이 아니라 지옥입니다. 예수님은 그 누구보다 지옥을 많이 말씀하셨고, 그분이 제시하는 영생을 거부하는 결과는 사라짐이 아니라 하나님의 진노라는 비극임을 분명히 하셨습니다. "아들을 믿는 자에게는 영생이 있고 아들에게 순종하지 아니하는 자는 영생을 보지 못하고 도리어 하나님의 진노가 그 위에 머물러 있느니라"(요 3:36).

그 진노는 영원합니다. 예수님은 "그들은 영벌에, 의인들은 영생에 들어가리라"고 하셨습니다(마 25:46). 이것은 하나님께 무관심하고 그분을 경멸하는 태도는 무한한 악임을 보여주는, 말로 다 표현할 수 없는 사실입니다. 그래서 예수님은 이렇게 경고하십니다. "만일 네 눈이 너를 범죄하게 하거든 빼버리라 한 눈으로 하나님의 나라에 들어가는 것이 두 눈을 가지고 지옥에 던져지는 것보다 나으니라 거기에서는 구더기도 죽지 않고 불도 꺼지지 아니하느니라"(막 9:47-48).

그러므로 영생은 그저 아픔과 즐거움이 뒤섞인 이생의 확장판이 아닙니다. 지옥이 이생의 가장 나쁜 결과이듯 "영생"은 가장 좋은 결과입니다. 영생은 모든 죄와 슬픔이 사라진, 무한히 커지는 최고의 행복입니다. 타락한 세상의 악하고 해로운 것은 모두 제거될 것입니다. 선한 것, 참되고 영원한 행복을 가져다줄 것은 모두 보존되고 정화되며 강화될 것입니다.

우리는 변화되어 이생에서 생각조차 못할 온갖 행복을 누릴 것입니다. "하나님이 자기를 사랑하는 자들을 위하여 예비하신 모든 것은 눈으로 보지 못하고 귀로 듣지 못하고 사람의 마음으로 생각하지도 못하였다 함과 같으니라"(고전 2:9). 그리스도를 믿는 자들에게 가장 좋은 것은 아직 오지 않았습니다. 이것은 삶의 모든 순간에, 지금 그리고 언제나 사실입니다. 우리는 더없이 만족스러운 하나님의 영광을 볼 것입니다. "영생은 곧 유일하신 참 하나님과 그가 보내신 자 예수 그리스도를 아는 것이니이다"(요 17:3). 이를 위해 그리스도께서 고난받고 죽으셨습니다. 마땅히 그분을 우리의 보화로 받아들이고 생명을 누려야 하지 않겠습니까?

20

우리를 이 악한 세대에서 건져내기 위해

> 그리스도께서 하나님 곧 우리 아버지의 뜻을 따라
> 이 악한 세대에서 우리를 건지시려고
> 우리 죄를 대속하기 위하여 자기 몸을 주셨으니
> 갈라디아서 1:4

우리가 죽을 때까지 또는 그리스도께서 다시 오셔서 그분의 나라를 세우실 때까지, 우리는 "이 악한 세대"를 살아갑니다. 그러므로 성경이 그리스도께서 "이 악한 세대에서 우리를 건지시려고" 자기 몸을 주셨다고 말할 때, 이것은 그리스도께서 우리를 이 세상 밖으로 데려가신다는 뜻이 아닙니다. 이 세상에서 악의 권세로부터 건지신다는 뜻입니다. 예수님은 우리를 위해 이렇게 기도하셨습니다. "내가 비옵는 것은 그들을 세상에서 데려가시기를 위함이 아니요 다만 악에 빠지지 않게 보전하시기를 위함이니이다"(요 17:15).

예수님은 왜 우리를 "악"(the evil one, 악한 자)에서 건져달라고 기도하셨을까요? "이 악한 세대"는 속이고 파괴할 자유가 사탄에게 주어진 세대이기 때문입니다. 성경은 "온 세상은 악한 자 안에 처한 것"이라고 말합니다(요일 5:19). 이 "악한 자"는 "이 세상의 신"이라 불리며, 그의 주목표는 사람들의 눈을 가려 진리를 보지 못하게 하는 것입니다. "이 세상의 신이 믿지 아니하는 자들의 마음을 혼미하게 하여 그리스도의 영광의 복음의 광채가 비치지 못하게 함이니"(고후 4:4).

우리는 자신의 캄캄한 영적 상황을 자각할 때까지 "이 악한 세대"와 그 통치자에 발맞추어 살아갑니다. "그 때에 너희는 그 가운데서 행하여 이 세상 풍조를 따르고 공중의 권세 잡은 자를 따랐으니 곧 지금 불순종의 아들들 가운데서 역사하는 영이라"(엡 2:2). 우리는 이것을 모른 채 마귀의 종으로 살았습니다. 자유처럼 느껴졌던 것이 사실은 속박이었습니다. 성경은 세상의 유행과 재미와 중독을 향해 직설적으로 말합니다. "[이것들이] 그들에게 자유를 준다 하여도 자신들은 멸망의 종들이니 누구든지 진 자는 이긴 자의 종이 됨이라"(벧후 2:19).

성경은 자유를 거듭 외칩니다. "너희는 이 세대를 본받지 말고 오직 마음을 새롭게 함으로 변화를 받아…"(롬 12:2). 바꾸어 말하면 이렇습니다. "자유하십시오. 이 세대의 지도자들에게 속지 마십시오. 저들은 오늘 있다가 내일 사라집니다. 여러분을 노예로 삼는 유행은 꼬리에 꼬리를 물고 일어납니다. 30년 후, 오늘의 문신은 자유의 표시가 아니라 동조를 나타내는 지울 수 없는 흔적일 것입니다."

영원의 시각에서 보면, 이 세대의 지혜란 어리석기 짝이 없습니다. "아무도 자신을 속이지 말라 너희 중에 누구든지 이 세상에서 지혜 있는 줄로 생각하거든 어리석은 자가 되라 그리하여야 지혜로운 자가 되리라 이 세상 지혜는 하나님께 어리석은 것이니"(고전 3:18-19). "십자가의 도가 멸망하는 자들에게는 미련한 것이요"(고전 1:18). 그렇다면 무엇이 하나님의 지혜입니까? 바로 큰 자유를 주는 그리스도의 죽음입니다. 초기에 예수님을 따랐던 사람들은 "우리는 십자가에 못 박힌 그리스도를 전하니 … 그리스도는 하나님의 능력이요 하나님의 지혜니라"고 했습니다(고전 1:23-24).

그리스도께서 십자가를 지실 때 사로잡힌 수많은 자를 자유롭게 하셨습니다. 그분은 마귀의 속임수를 드러내고 그의 권세를 깨뜨리셨습니다. 그분이 십자가에 달리시기 전날 밤에 하신 말씀, "이제 … 이 세상의 임금이 쫓겨나리라"는 말씀이 바로 이런 뜻입니다(요 12:31). 패배한 적을 따르지 마십시오. 그리스도를 따르십시오. 희생이 따를 것입니다. 이 세대에서 유랑자가 될 것입니다. 그러나 자유롭게 될 것입니다.

예수님이 오셔서 죽으신 이유

21

우리를 하나님과 화목하게 하기 위해

곧 우리가 원수 되었을 때에
그의 아들의 죽으심으로 말미암아
하나님과 화목하게 되었은즉
화목하게 된 자로서는
더욱 그의 살아나심으로 말미암아
구원을 받을 것이니라
로마서 5:10

죄악된 인간과 하나님 사이에 일어나야 하는 화목은 양방향으로 전개됩니다. 하나님을 대하는 우리의 태도가 저항에서 믿음으로 바뀌어야 하고, 우리를 대하시는 하나님의 태도가 진노에서 자비로 바뀌어야 합니다. 그러나 둘은 같지 않습니다. 우리가 바뀌려면 하나님의 도움이 필요하지만, 하나님은 우리의 도움이 필요하지 않으십니다. 우리의 변화는 우리 밖에서 비롯되어야 하지만, 하나님의 변화는 그분의 본성에서 비롯됩니다. 종합적으로 보면, 하나님은 전혀 바뀌시지 않습니다. 하나님이 우리와 맞서기를 그치고 우리를 위하기 시작하시는 것은 하나님의 계획된 행동입니다.

"우리가 원수 되었을 때"라는 말씀이 아주 중요합니다. 그때 우리는 "그의 아들의 죽으심으로 말미암아 하나님과 화목하게 되었"습니다(롬 5:10). 우리가 **원수**였을 때 이 일이 일어났습니다. 다시 말해, '변화'는 먼저 우리가 아닌 하나님의 변화였습니다. 우리는 여전히 원수였습니다. 그렇다고 우리가 의식적으로 하나님과 싸우고 있었다는 뜻이 아닙니다. 우리 대부분은 자기 안에 하나님을 향한 적대감이 있다는 사실조차 알지 못합니다. 이 적대감은 조용한 불복종과 무관심으로 미묘하게 드러납니다. 성경은 이를 이렇게 묘사합니다. "육신의 생각은 하나님과 원수가 되나니 이는 하나님의 법에 굴복하지 아니할 뿐 아니라 할 수도 없음이라"(롬 8:7).

우리가 여전히 이러한 상태일 때 하나님이 그리스도를 보내셨습니다. 진노를 일으키는 우리의 죄를 그리스도께서 짊어지심으로써 하나님이 우리를 자비로 대하실 수 있도록 말입니다. 하나님이 우리를 그분과 화목하게 하실 때 가장 먼저 하신 일은 화목을 가로막는 '장애물을 제거하는 것', 곧 하나님을 하찮게 여기는 우리의 죄에 대한 책임(죄책)을 제거하는 것이었습니다. "곧 하나님께서 그리스도 안에 계시사 세상을 자기와 화목하게 하시며 그들의 죄를 그들에게 돌리지 아니하시고"(고후 5:19).

그리스도의 대사들은 이 메시지를 세상에 전할 때 "그리스도를 대신하여 간청하노니 너희는 하나님과 화목하라"고 말합니다(고후 5:20). 이 말은 단지 하나님을 대하는 우리의 태도를 바꾸라는 뜻이 아닙니다. 이 말은 우리를 그분과 화목하게 하려고 하나님이 그리스도 안에서 먼저 하신 일을 받아들이라는 뜻입니다.

이 화목의 비유를 사람과 사람 사이에 적용해 보십시오. 예수님은 이렇게 말씀하셨습니다. "예물을 제단에 드리려다가 거기서 네 형제에게 원망들을 만한 일이 있는 것이 생각나거든 예물을 제단 앞에 두고 먼저 가서 형제와 화목하고 그 후에 와서 예물을 드리라"(마 5:23-24). 예수님이 "형제와 화목"하라고 말씀하실 때, 형제로부터 우리에 대한 판단을 제거해야 한다는 사실에 주목하십시오. 우리는 그 형제에게 원망 들을 만한 일이 있습니다. 우리가 하나님께 원망 들을 만한(하나님의 진노를 살 만한) 일이 있듯이 말입니다. "형제와 화목"하라는 말씀은 우리에 대한 형제의 안 좋은 판단이 제거되도록 우리가 반드시 해야 할 일을 하라는 뜻입니다.

그러나 우리는 그리스도의 복음을 들을 때 하나님이 이미 이렇게 하셨음을 깨닫습니다. 하나님이 그분의 판단, 곧 심판을 제거하기 위해 우리로서는 취할 수 없는 조치를 하셨습니다. 하나님이 우리를 대신해 고난을 받도록 그리스도를 보내셨습니다. 결정적인 화목이 "우리가 원수되었을 때"(원수였을 때) 이루어졌습니다. 우리 편에서 화목이란, 하나님이 이미 하신 일을 더없이 귀한 선물로 단순히 받아들이는 것입니다.

예수님이 오셔서 죽으신 이유

22

우리를 하나님께 인도하기 위해

그리스도께서도 단번에 죄를 위하여 죽으사
의인으로서 불의한 자를 대신하셨으니
이는 우리를 하나님 앞으로 인도하려 하심이라
베드로전서 3:18

이제는 전에 멀리 있던 너희가 그리스도 예수 안에서
그리스도의 피로 가까워졌느니라
에베소서 2:13

누가 뭐래도 하나님이 복음입니다. 복음은 '좋은 소식'을 뜻합니다. 기독교는 무엇보다 신학이 아닌 소식입니다. 전쟁포로들이 숨겨둔 라디오에서 듣는 소식, 연합군이 상륙했고 구출은 시간문제일 뿐이라는 소식과 같습니다.

그런데 좋은 소식에서 궁극적으로 '좋은 것'은 무엇일까요? 좋은 소식은 하나로 모아집니다. 바로 하나님입니다. 복음의 모든 말은 하나님으로 연결되며, 그렇지 않다면 복음이 아닙니다. 예를 들어, '구원'이 단지 지옥으로부터의 구원일 뿐 하나님을 위한 구원이 아니라면, 좋은 소식이 아닙니다. '의롭다 하심'이 단지 하나님이 우리를 법적으로 받으실 만하게 할 뿐 그분과 교제하게 하지 않는다면, 좋은 소식이 아닙니다. '구속'이 단지 우리를 속박에서 해방할 뿐 우리를 하나님께 인도하지 않는다면, 좋은 소식이 아닙니다. '입양'이 우리를 아버지의 가족이 되게 할 뿐 그분의 품에 안기게 하지 않는다면, 좋은 소식이 아닙니다.

이것은 아주 중요합니다. 많은 사람이 하나님을 받아들이지 않으면서 좋은 소식만을 받아들입니다. 우리가 단지 지옥에서 벗어나기를 원한다는 사실이 우리에게 새 마음이 있다는 확실한 증거는 아닙니다. 이는 자연스러운 바람일 뿐 초자연적인 바람은 아닙니다. 새 마음이 없어도 용서가 주는 심리적 안도감을 원해서나, 하나님의 진노가 제거되기를 원하거나, 하나님의 복을 받기를 원할 수 있습니다. 이 모두는 아무런 영적 변화 없이도 바랄 수 있습니다. 거듭나야 이것들을 원하는 것이 아닙니다. 마귀도 이것들을 원합니다.

이것들을 원하는 게 잘못은 아닙니다. 사실 원하지 않는 게 어리석습니다. 그러나 우리가 변화되었다는 참된 증거는, 우리가 이것들을 원하는 이유에 있습니다. 우리는 이것들이 우리로 하나님을 기뻐하게 하기에 원합니다. 이것이 그리스도께서 죽음으로 이루신 가장 큰 일입니다. "그리스도께서도 단번에 죄를 위하여 죽으사 의인으로서 불의한 자를 대신하셨으니 **이는 우리를 하나님 앞으로 인도하려 하심이라**"(벧전 3:18).

왜 이것이 좋은 소식의 본질입니까? 우리는 하나님의 영광을 보고 또 맛봄으로써 완전하고 지속적인 행복을 경험하도록 지어졌기 때문입니다. 우리의 가장 큰 기쁨이 이보다 못한 것에서 온다면 우리는 우상 숭배자이고 하나님이 모욕받으십니다. 하나님은 우리가 그분의 영광을 기뻐할 때 그분의 영광이 드러나도록 우리를 지으셨습니다. 그리스도의 복음은 좋은 소식입니다. 다시 말해, 우리를 영원히 행복하게 하는 모든 것을, 곧 우리를 하나님께 매료시키는 데 필요한 모든 것을 하나님이 아들의 생명을 희생해 이루셨다는 좋은 소식입니다.

그리스도께서 세상에 오시기 오래 전, 하나님은 자신을 완전하고 지속적인 기쁨의 원천으로 계시하셨습니다. "주께서 생명의 길을 내게 보이시리니 주의 앞에는 충만한 기쁨이 있고 주의 오른쪽에는 영원한 즐거움이 있나이다"(시 16:11). 그 후 하나님은 "우리를 하나님 앞으로 인도하려"고 고난받도록 그리스도를 보내셨습니다. 하나님이 그리스도를 보내신 것은 우리를 인간이 가질 수 있는 가장 깊고 오래 지속되는 기쁨으로 인도하시기 위해서입니다. 그러니 "잠시 죄악의 낙을 누리는 것"에서(히 11:25) 돌아서서 "영원한 즐거움"을 향하십시오. 그리스도께 나오십시오.

23

우리가 그분의 소유가 되게 하기 위해

너희도 그리스도의 몸으로 말미암아
율법에 대하여 죽임을 당하였으니 이는 다른 이
곧 죽은 자 가운데서 살아나신 이에게 가서
로마서 7:4

너희는 너희 자신의 것이 아니라 값으로 산 것이 되었으니
고린도전서 6:19-20

하나님이 자기 피로 사신 교회를 보살피게 하셨느니라
사도행전 20:28

궁극적인 질문은 '당신은 누구인가?'가 아니라 '당신은 누구의 것인가?'입니다. 물론, 많은 사람이 자신은 그 누구의 소유도 아니라고 생각합니다. 완전한 독립을 꿈꿉니다. 마치 해파리가 물살에 떠밀려 다니면서 자신은 바위에 붙어사는 따개비처럼 속박받지 않으니 자유롭다고 느끼는 것과 같습니다.

그러나 예수님은 이렇게 생각하는 사람들에게 말씀하셨습니다. "진리를 알지니 진리가 너희를 자유롭게 하리라"(요 8:32). 그러나 이들은 이렇게 답했습니다. "우리가 아브라함의 자손이라 남의 종이 된 적이 없거늘 어찌하여 우리가 자유롭게 되리라 하느냐"(요 8:33). 예수님은 이렇게 답하셨습니다. "진실로 진실로 너희에게 이르노니 죄를 범하는 자마다 죄의 종이라"(요 8:34).

성경은 스스로 인생의 문제를 결정하는 타락한 사람들에게 아무 근거도 제시하지 않습니다. 타락한 세상에 자율이란 없습니다. 우리는 죄의 지배를 받거나 하나님의 지배를 받습니다. "너희 자신을 종으로 내주어 누구에게 순종하든지 그 순종함을 받는 자의 종이 되는 줄을 너희가 알지 못하느냐 … 너희가 죄의 종이 되었을 때에는 의에 대하여 자유로웠느니라 … 그러나 이제는 너희가 죄로부터 해방되고 하나님께 종이 되어"(롬 6:16, 20, 22).

대부분의 경우 우리는 원하는 것을 할 자유가 있습니다. 그러나 우리는 마땅히 원해야 할 것을 원할 자유가 없습니다. 이렇게 할 자유가 있으려면 '하나님이 값 주고 사신 것'(divine purchase)에 기초한 새 능력이 필요합니다. 이 능력은 하나님의 것입니다. 그래서 성경은 이렇게 말합니다. "하나님께 감사하리로다 너희가 본래 죄의 종이더니 너희에게 전하여 준 바 교훈의 본을 마음으로 순종하여"(롬 6:17). 하나님은 이런 분입니다. "하나님이 그들에게 회개함을 주사 진리를 알게 하실까 하며 그들로 깨어 마귀의 올무에서 벗어나 하나님께 사로잡힌 바 되어 그 뜻을 따르게 하실까 함이라"(딤후 2:25-26).

이 능력이 나오는 '하나님이 값 주고 사신 것'이란 그리스도의 죽음을 가리킵니다. "너희는 너희 자신의 것이 아니라 값으로 산 것이 되었으니"(고전 6:19-20). 그러면 그리스도께서는 그분을 믿는 자들을 위해 어떤 값을 치르셨습니까? 이들을 "하나님이 자기 [아들의] 피로 사셨습니다"(행 20:28).

이제 우리에게는 참 자유가 있습니다. '자율적일' 자유가 아니라 '선한 것을 원할' 자유가 있습니다. 그리스도의 죽음이 우리의 옛 사람의 죽음이 될 때 전혀 새로운 삶의 길이 우리에게 열립니다. 살아 계신 그리스도와의 관계가 규범을 대신합니다. 열매 맺을 자유가 율법의 속박을 대신합니다. "너희도 그리스도의 몸으로 말미암아 율법에 대하여 죽임을 당하였으니 **이는 다른** 이 곧 죽은 자 가운데서 살아나신 **이에게 가서**[속하여] 우리가 하나님을 위하여 열매를 맺게 하려 함이라"(롬 7:4).

우리가 율법과 죄에서 해방되어 하나님께 속하도록 그리스도께서 고난받고 죽으셨습니다. 순종은 더 이상 짐이 아니라 열매 맺을 자유가 됩니다. 기억하십시오. 우리는 자기 자신의 것이 아닙니다. 그렇다면 누구의 것입니까? 당신이 그리스도의 것이라면, 와서 그분께 속하십시오.

24

우리가 담대하게 성소에 들어가게 하기 위해

우리가 예수의 피를 힘입어
성소에 들어갈 담력을 얻었나니
히브리서 10:19

구약성경의 큰 신비(mystery) 중 하나는 이스라엘이 사용했던 '성막'이라 불린 예배 천막의 의미였습니다. 이 신비는 암시되었으나 분명하지는 않았습니다. 이스라엘 백성이 애굽에서 벗어나 시내산에 이르렀을 때, 하나님은 모세에게 이동식 예배 천막을 어떻게 세워야 하는지 모든 부품과 기구 하나하나까지 자세히 가르쳐주셨습니다. 성막과 관련해 하나님이 하신 이 명령은 참으로 신비롭습니다. "너는 삼가 이 산에서 네게 보인 양식대로 할지니라"(출 25:40).

그리스도께서 1,400년 후 세상에 오셨을 때, 옛 성막의 이 "양식"이 하늘에 있는 실재의 "모형"이나 "그림자"라는 게 더 자세히 밝혀졌습니다. 성막은 하늘에 있는 실재를 땅에 구현한 모형이었습니다. 그러므로 신약성경은 이렇게 말합니다. "그들이[제사장들이] 섬기는 것은 하늘에 있는 것의 모형과 그림자라 모세가 장막을 지으려 할 때에 지시하심을 얻음과 같으니 이르시되 삼가 모든 것을 산에서 네게 보이던 본을 따라 지으라 하셨느니라"(히 8:5).

그러므로 구약성경에 나오는 모든 예배 의식은 더 실제적인 것을 가리킵니다. 성막에 거룩한 방들이 있었고 제사장이 반복해서 동물 제사의 피를 가지고 그곳에 들어가 하나님을 만났듯이, 하늘에는 무한히 더 나은 "성소"가 있는데 그리스도께서는 자신의 피를 가지고 그곳에 단번에(once for all) 들어가셨습니다.

"그리스도께서는 장래 좋은 일의 대제사장으로 오사 손으로 짓지 아니한 것 곧 이 창조에 속하지 아니한 더 크고 온전한 장막으로 말미암아 염소와 송아지의 피로 하지 아니하고 오직 자기의 피로 영원한 속죄를 이루사 단번에 성소에 들어가셨느니라"(히 9:11-12).

이 말씀은 이제 우리가 그리스도와 함께 하나님이 임재하시는 지극히 거룩한 모든 곳에 들어갈 길이 활짝 열렸음을 암시합니다. 전에는 유대인 제사장들만 이곳의 "모형"과 "그림자"에 들어갈 수 있었습니다. 오직 대제사장만 일 년에 단 한 번 지성소에, 하나님의 영광이 나타나는 곳에 들어갈 수 있었습니다(히 9:7). 이 영광의 장소를 보호하는 금단의 휘장이 있었습니다. 성경은 그리스도께서 십자가에서 마지막 숨을 거두실 때 "성소 휘장이 위로부터 아래까지 찢어져 둘이 되고 땅이 진동하며 바위가 터"졌다고 말합니다(마 27:51).

무슨 뜻입니까? 성경은 이렇게 해석합니다. "우리가 예수의 피를 힘입어 성소에 들어갈 담력을 얻었나니 그 길은 우리를 위하여 휘장 가운데로 열어 놓으신 새로운 산 길이요 휘장은 곧 그의 육체니라"(히 10:19-20). 그리스도가 없었다면 하나님의 거룩이 우리로부터 보호되어야 했을 것입니다. 하나님이 높임을 받지 못하시고 우리는 자기 죄 때문에 소멸되었을 것입니다. 그러나 이제 그리스도로 인해 우리는 눈부시게 아름다운 하나님의 거룩에 가까이 다가가 그 아름다움으로 우리의 마음을 한껏 채울 수 있습니다. 하나님이 높임을 받으시고 우리는 소멸되지 않을 것입니다. 모든 것을 보호하시는 그리스도로 인해, 하나님이 높임을 받으시고 우리는 하나님을 영원히 경외하며 그분 앞에 설 것입니다. 그러므로 하나님 앞에 나오기를 두려워하지 마십시오. 그러나 그리스도를 통해 나오십시오.

예수님이 오셔서 죽으신 이유

25

우리로 하나님을
만나는 자리가 되게 하기 위해

예수께서 대답하여 이르시되
너희가 이 성전을 헐라 내가 사흘 동안에 일으키리라
유대인들이 이르되 이 성전은 사십육 년 동안에 지었거늘
네가 삼 일 동안에 일으키겠느냐 하더라
그러나 예수는 성전된 자기 육체를 가리켜 말씀하신 것이라
요한복음 2:19-21

"나를 죽여라. 그러면 내가 온 세상이 하나님을 만나는 자리가 되리라." 저는 요한복음 2장 19-21절을 이렇게 풀어쓰고 싶습니다. 예수님은 유대인들을 향해 "너희가 이 성전을 헐라 내가 사흘 동안에 일으키리라"고 하셨습니다. 유대인들은 예수님이 예루살렘 성전을 가리켜 말씀하셨다고 생각했지만, 예수님은 자신의 몸을 가리켜 말씀하신 것이었습니다.

왜 예수님은 유대인의 성전과 자신의 몸을 연결하셨을까요? 예수님은 성전을 대신해 그분 자신이 하나님을 만나는 자리가 되려

고 오셨기 때문입니다. 하나님의 아들이 인간의 몸으로 오셨기에 의식과 예배가 엄청난 변화를 겪을 터였습니다. 그리스도께서 친히 마지막 유월절 어린양이 되고, 마지막 제사장이 되며, 마지막 성전이 되실 터였습니다. 이것들은 모두 사라지고 그분만 남을 터였습니다.

그렇게 남겨진 것은 무한히 더 좋았습니다. 예수님은 자신을 가리켜 "내가 너희에게 이르노니 성전보다 더 큰 이가 여기 있느니라"고 하셨습니다(마 12:6). 성전은 드물게 하나님의 영광이 성소를 채울 때에만 하나님의 거처가 되었습니다. 그러나 성경은 그리스도를 가리켜 "그 안에는 신성의 모든 충만이 육체로 거하"셨다고 말합니다(골 2:9). 하나님의 임재가 예수님께 임했다가 사라지는 것이 아닙니다. 예수님은 하나님이십니다. 우리는 예수님을 만나는 곳에서 하나님을 만납니다.

하나님은 불완전한 많은 인간 중보자를 통해 성전에서 사람들을 만나셨습니다. 그러나 이제 성경은 그리스도를 가리켜 "하나님은 한 분이시요 또 하나님과 사람 사이에 중보자도 한 분이시니 곧 사람이신 그리스도 예수라"고 말합니다(딤전 2:5). 우리가 예배 가운데 하나님을 만나려면, 우리가 가야 할 자리는 오직 예수 그리스도뿐입니다. 그래서 기독교는 이슬람이나 유대교와 달리 지리적 중심이 없습니다.

언젠가 예수님이 어느 여인에게 그녀의 간음을 지적하셨습니다.

그러자 여인은 화제를 바꿔 "우리 조상들은 이 산에서 예배하였는데 당신들의 말은 예배할 곳이 예루살렘에 있다 하더이다"라고 했습니다(요 4:20). 예수님은 말을 돌리는 여인에게 "여자여 … 이 산에서도 말고 예루살렘에서도 말고 너희가 아버지께 예배할 때가 이르리라"고 답하셨습니다(요 4:21). 장소가 중요한 게 아닙니다. 그러면 무엇이 중요합니까? 예수님은 뒤이어 말씀하셨습니다. "아버지께 참되게 예배하는 자들은 영과 진리로 예배할 때가 오나니 곧 이 때라"(요 4:23).

예수님은 범주를 완전히 바꾸십니다. 이 '산'이나 이 '도시'에서 예배하는 게 아니라 "영과 진리"로 예배하라는 것입니다. 예수님은 지리적 제한을 없애려고 세상에 오셨습니다. 이제 성전은 없습니다. 예루살렘은 중심이 아닙니다. 그리스도께서 중심이십니다. 하나님을 보길 원합니까? 예수님은 "나를 본 자는 아버지를 보았"다고 말씀하십니다(요 14:9). 하나님을 영접하길 원합니까? 예수님은 "나를 영접하는 자는 나를 보내신 이를 영접하는 것이니라"고 말씀하십니다(마 10:40). 예배 중에 하나님의 임재를 경험하길 원합니까? 성경은 "아들을 시인하는 자에게는 아버지도 있느니라"고 말합니다(요일 2:23). 아버지를 공경하길 원합니까? 예수님은 "아들을 공경하지 아니하는 자는 그를 보내신 아버지도 공경하지 아니하느니라"고 말씀하십니다(요 5:23).

그리스도께서 죽으시고 다시 살아나셨을 때, 옛 성전이 세상 어디서나 가까이 갈 수 있는 그리스도로 대체되었습니다. 우리는 한 발짝도 이동하지 않고도 그분께 나올 수 있습니다. 그분은 우리의 믿음만큼 가까이 계십니다.

예수님이 오셔서 죽으신 이유

26

구약의 제사장직을 폐하고
영원한 대제사장이 되기 위해

제사장 된 그들의 수효가 많은 것은
죽음으로 말미암아 항상 있지 못함이로되
예수는 영원히 계시므로 그 제사장 직분도 갈리지 아니하느니라
그러므로 자기를 힘입어 하나님께 나아가는 자들을
온전히 구원하실 수 있으니
이는 그가 항상 살아 계셔서 그들을 위하여 간구하심이라…
그는 저 대제사장들이 먼저 자기 죄를 위하고
다음에 백성의 죄를 위하여 날마다 제사 드리는 것과 같이 할 필요가 없으니
이는 그가 단번에 자기를 드려 이루셨음이라
히브리서 7:23-27

그리스도께서는 … 하늘에 들어가사
이제 우리를 위하여 하나님 앞에 나타나시고
대제사장이 해마다 다른 것의 피로써 성소에 들어가는 것 같이
자주 자기를 드리려고 아니하실지니
그리하면 그가 세상을 창조한 때부터 자주 고난을 받았어야 할 것이로되
이제 자기를 단번에 제물로 드려
죄를 없이 하시려고 세상 끝에 나타나셨느니라
히브리서 9:24-26

> 제사장마다 매일 서서 섬기며 자주 같은 제사를 드리되
> 이 제사는 언제나 죄를 없게 하지 못하거니와
> 오직 그리스도는 죄를 위하여
> 한 영원한 제사를 드리시고 하나님 우편에 앉으사
> 히브리서 10:11-12

기독교의 진리를 담은 가장 위대한 표현 가운데 하나는 "단번에"(once for all)입니다. 이 표현은 헬라어(*ephapax*, 에파팍스)에서 왔는데 "한 번에 영원히"(once for all time)라는 뜻입니다. 다시 말해 어떤 결정적인 일이 일어났다는 뜻입니다. 이 행위는 너무나 많은 것을 성취했기에 절대로 반복될 필요가 없습니다. 이를 반복하려 한다면 그것이 어떤 노력이든 "단번에" 이루어진 성취의 신뢰성을 떨어뜨릴 것입니다.

암울하게도, 이스라엘 제사장들은 해마다 자신의 죄와 백성의 죄를 위해 동물 제사를 드려야 했습니다. 그렇다고 용서가 없었다는 뜻이 아닙니다. 하나님은 그분의 백성을 구하시려고 이러한 제사 제도를 제정하셨습니다. 범죄한 하나님의 백성을 대신해 벌을 받을 대속물이 필요했습니다. 자비로우신 하나님은 죄악된 제사장들의 사역과 대속하는 짐승을 받으셨습니다.

그러나 제사에는 어두운 면이 있었습니다. 제사는 끝없이 반복되어야 했습니다. 성경은 "이 제사들에는 해마다 죄를 기억하게 하

는 것이 있나니"라고 말합니다(히 10:3). 사람들은 황소에 손을 얹어 자신의 죄를 전가하려 할 때, 이런 행위가 반복되어야 한다는 사실을 알았습니다. 그 어떤 짐승도 인간의 죄를 대신해 고난을 받기에는 충분하지 못했습니다. 제사장들 역시 죄가 있었기에 자신의 죄를 위해 제사를 드려야 했습니다. 또한 제사장은 반드시 죽을 존재이기에 교체되어야 했습니다. 황소와 염소는 도덕적 삶이 없기에 사람의 죄를 질 수 없었습니다. "이는 황소와 염소의 피가 능히 죄를 없이 하지 못함이라"(히 10:4).

그러나 제사장직의 불충분함에도 불구하고 거기에는 소망이 있었습니다. 하나님이 이처럼 부족한 동물 제사를 존중하셨다는 것은, 분명 하나님이 언젠가는 이 제사장들이 할 수 없던 일, 다시 말해 죄를 단번에 없애는 일을 완수할 자격을 갖춘 종을 보내시리라는 뜻이었습니다.

그분이 바로 예수 그리스도이십니다. 예수 그리스도께서 마지막 제사장이자 마지막 희생제물이 되셨습니다. '죄가 없기에' 그분은 자신을 위해 제사를 드린 게 아닙니다. '불멸하기에' 그분은 절대로 대체될 필요가 없습니다. '사람이기에' 그분은 사람의 죄를 지실 수 있습니다. 그러므로 그분은 자신을 위해 제사를 드린 게 아니라 자신을 마지막 희생제물로 드리셨습니다. 이제 절대로 다른 희생제물이 더는 필요하지 않습니다. 오직 그리스도를 통해 하나님께 가까이 나아가는 사람들은 참으로 행복합니다.

예수님이 오셔서 죽으신 이유

27

공감하고 돕는 제사장이 되기 위해

우리에게 있는 대제사장은
우리의 연약함을 동정하지 못하실 이가 아니요
모든 일에 우리와 똑같이 시험을 받으신 이로되 죄는 없으시니라
그러므로 우리는 긍휼하심을 받고
때를 따라 돕는 은혜를 얻기 위하여
은혜의 보좌 앞에 담대히 나아갈 것이니라

히브리서 4:15-16

그리스도께서 십자가에서 자신을 희생해 우리의 제사장이 되셨습니다(히 9:26). 그리스도께서는 우리와 하나님을 중보하는 분이십니다. 그리스도의 순종과 고난이 더없이 완전했기에 하나님은 그분을 외면하지 않으십니다. 그러므로 우리가 그리스도를 통해 하나님께 나아갈 때 하나님은 우리를 외면하지 않으십니다.

그런데 이보다 훨씬 좋은 게 있습니다. 십자가로 향하는 30년 동안, 그리스도께서는 여느 사람과 마찬가지로 유혹을 받으셨습니

다. 그러나 그분은 전혀 죄를 짓지 않으셨습니다. 그렇다고 우리가 받은 것보다 약한 유혹을 받으셨다는 뜻이 아닙니다. 지혜로운 사람들은 그분이야말로 가장 강한 유혹을 받으셨다고 지적합니다. 어떤 사람이 유혹에 굴복하면 더 이상 그를 유혹할 필요가 없기에 마귀는 절대로 가장 완전하고 긴 공격을 퍼붓지 못합니다. 사람은 압박이 커질수록 굴복하기 마련이지만, 예수님은 그렇지 않으십니다. 그분은 완전한 압박을 끝까지 견디셨고, 절대로 굴복하지 않으셨기에 최고로 강한 유혹을 받는다는 게 무엇인지 아십니다.

예수님은 평생 유혹을 받으셨고, 그 유혹은 엄청난 학대와 버림받음으로 절정에 이르렀습니다. 이로써 예수님은 유혹받고 고난받는 사람들을 깊이 공감하실 수 있게 되었습니다. 그분보다 더 고난받은 사람은 없습니다. 그분보다 더 학대받은 사람도 없습니다. 그분은 누구보다도 학대받을 이유가 없었고 학대에 저항할 권리도 컸습니다. 그러나 사도 베드로는 이렇게 말합니다. "그는 죄를 범하지 아니하시고 그 입에 거짓도 없으시며 욕을 당하시되 맞대어 욕하지 아니하시고 고난을 당하시되 위협하지 아니하시고 오직 공의로 심판하시는 이에게 부탁하시며"(벧전 2:22-23).

그러므로 성경은 그분이 "우리의 연약함을 동정하지 못하실 이가 아니요"라고 말합니다(히 4:15). 놀랍습니다. 우리가 슬픔이나 아픔을 안고 그분께 나아가거나 죄악된 쾌락의 약속에 찌든 채 그분께 나아갈 때 부활하신 하나님의 아들께서, 하나님 오른편에 앉아 모든 권세로 우주를 다스리는 그분께서 우리를 공감하십니다.

그래서 무엇이 달라집니까? 성경은 예수님의 공감을 우리의 담대한 기도와 연결하며 이 질문에 답합니다. "우리에게 있는 대제사장은 우리의 연약함을 동정하지 못하실 이가 아니요 … **그러므로 우리는 긍휼하심을 받고 때를 따라 돕는 은혜를 얻기 위하여 은혜의 보좌 앞에 담대히 나아갈 것이니라**"(히 4:15-16).

우리는 자신의 문제를 들고 하나님 앞에 나아갈 때 환영받지 못한다고 느끼기 쉽습니다. 하나님의 순전함과 완전함 앞에서 우리의 모든 것은 적합하지 않아 보입니다. 그러나 이럴 때 우리는 예수님이 '동정하신다'(공감하신다)는 사실을 기억해야 합니다. 그분은 우리를 '거슬러' 느끼시는 게 아니라 우리와 '함께' 느끼십니다. 이러한 그리스도의 공감을 알면 그분께 담대히 나올 수 있습니다. 그분은 우리의 부르짖음을 아십니다. 그분은 우리의 몸부림을 경험하셨습니다. 그러므로 우리에게 담대히 나오라고 말씀하십니다.

너 왕께 나오라
너의 큰 간구를 가지고 나오라
그분 은혜와 능력 무궁하시니
아무리 구해도 지나치지 않으리[4]

---

4) John Newton, "Come, My Soul, Thy Suit Prepare"(1779).

예수님이 오셔서 죽으신 이유

28

우리를 조상의 헛된 행실에서
자유롭게 하기 위해

너희가 알거니와
너희 조상이 물려 준 헛된 행실에서 대속함을 받은 것은
은이나 금 같이 없어질 것으로 된 것이 아니요
오직 흠 없고 점 없는 어린 양 같은
그리스도의 보배로운 피로 된 것이니라
베드로전서 1:18-19

서구의 세속적인 사람들과 정령을 숭배하는 원시 부족들 사이에 공통점이 있습니다. 이들은 조상에게 자신들을 속박하는 힘이 있다고 믿습니다. 그러면서 이것을 다양한 이름으로 부릅니다. 정령 숭배자들은 조상의 영이나 저주의 대물림을 말할 것입니다. 서구의 세속적인 사람들은 유전적인 영향을 말하거나, 자녀를 정신적·육체적으로 학대하는 부모가 자녀에게 주는 상처를 말할 것입니다. 두 경우 모두, 우리가 조상에게서 비롯된 저주나 상처를 안고 살아갈 수밖에 없다는 운명론이 있습니다. 그럴 때 미래는 헛되

거나 행복이 없어 보입니다.

성경은 우리가 "조상이 물려 준 헛된 행실에서 대속함을 받았다"고 말합니다. 여기서 "헛된 행실"은 파멸로 끝나는 공허하고 무의미하며 유익할 게 없는 생활방식을 가리킵니다. 또한 성경은 헛된 행실이 조상과 연결된다고 말하는데, 중요한 것은 어떻게 연결되는지가 아니라, 우리가 이 헛된 행실의 속박에서 어떻게 해방되는지에 주목하는 것입니다. 해방자의 능력이 곧 해방의 범위를 결정합니다.

우리가 조상의 속박에서 해방된 것은 "은이나 금 같이 없어질 것으로 된 것이" 아닙니다. 은과 금은 우리의 대속을 위해 지급될 만한 가장 가치 있는 것들을 상징합니다. 그러나 우리는 이것들이 쓸모없음을 압니다. 가장 부유한 사람들이 이런 헛된 것에 가장 강력하게 사로잡히기 마련입니다. 어느 부유한 추장이 자신의 삶에 조상의 저주가 미칠까 두려워 고통스러워할 수 있습니다. 성공한 기업의 회장이 자신의 배경에서 비롯된 무의식적인 힘에 휘둘려 결혼 생활과 자녀를 파멸로 몰아넣을 수 있습니다.

은과 금은 우리를 도울 힘이 없습니다. 오직 예수님의 고난과 죽음이 우리에게 필요한 것을 공급합니다. 금이나 은이 아닌, "흠 없고 점 없는 어린 양 같은 그리스도의 보배로운 피"를 말입니다. 그리스도께서 죽으실 때, 하나님은 우리가 조상에게서 물려받은 헛된 행실로부터 우리를 자유롭게 하셨습니다. 이것이 그리스도께서 죽으신 큰 이유 중 하나입니다.

우리가 죄를 모두 용서받았고 그리스도의 의를 입었으며 우주의 창조자께서 우리를 속량하고 사랑하신다면, 그 어떤 저주나 주문도 우리에게 맞설 수 없습니다. 예수님의 고난과 죽음은 성경이 하나님의 백성을 향해 "야곱을 해할 점술이 없고 이스라엘을 해할 복술이 없도다"라고 말하는 최종적인 이유입니다(민 23:23). 예수님이 죽으실 때, 그분을 믿는 모두를 위해 하늘의 모든 복이 구매되었습니다. 하나님이 복을 주시면 아무도 저주할 수 없습니다.

부모에게 받은 그 어떤 상처도 예수님은 너끈히 치료하십니다. 치료하는 속전을 가리켜 "그리스도의 보배로운 피"라고 하는데 "보배로운"이란 단어는 무한한 가치를 지닙니다. 그러므로 이 속전은 우리를 무한히 자유롭게 합니다. 그 어떤 속박도 여기에 맞설 수 없습니다. 그러므로 은과 금에서 눈을 돌려 하나님의 선물을 받으십시오.

29

우리를 죄의 종살이에서 자유롭게 하기 위해

우리를 사랑하사
그의 피로 우리 죄에서 우리를 해방하시고
그의 아버지 하나님을 위하여
우리를 나라와 제사장으로 삼으신 그에게
영광과 능력이 세세토록 있기를 원하노라 아멘
요한계시록 1:5-6

예수도 자기 피로써 백성을 거룩하게 하려고
성문 밖에서 고난을 받으셨느니라
히브리서 13:12

우리의 죄는 두 가지 면에서 우리를 무너뜨립니다. 첫째, 우리가 하나님 앞에서 유죄이게 하며, 그래서 우리는 하나님의 공의로운 정죄 아래 있습니다. 둘째, 우리의 행위를 추하게 하며, 그래서 우리는 하나님의 형상을 드러내야 하는데도 오히려 그분의 형상을 망가뜨립니다. 우리의 죄는 죄책으로 우리를 저주하고 우리로 매정함(lovelessness)의 종이 되게 합니다.

예수님의 피가 우리를 이 두 비극에서 자유롭게 합니다. 우리의 죄가 공의롭게 용서될 수 있도록 예수님의 피가 하나님의 의를 만족시킵니다. 예수님의 피가 우리를 매정함의 종으로 만드는 죄의 권세를 무너뜨립니다. 우리는 그리스도께서 어떻게 하나님의 진노를 받고 우리의 죄책을 제거하셨는지 보았습니다. 그렇다면 그리스도의 피는 어떻게 우리를 죄의 종살이에서 자유롭게 할까요?

이 질문의 답은, 그리스도께서 우리에게 강력한 본보기가 되고 우리를 감동시켜 우리를 자유롭게 하신다는 것이 아닙니다. 물론 예수님은 우리의 본보기이십니다. 그것도 매우 강력한 본보기이십니다. 예수님은 분명 우리가 그분을 본받길 원하십니다. "새 계명을 너희에게 주노니 서로 사랑하라 내가 너희를 사랑한 것 같이 너희도 서로 사랑하라"(요 13:34). 그러나 본받으라는 부르심이 우리를 자유롭게 하는 능력은 아닙니다. 더 깊은 게 있습니다.

죄는 우리의 삶에 아주 강력하게 영향을 미치기에 우리는 우리의 의지력이 아닌 하나님의 능력으로 자유롭게 되어야 합니다. 그러나 우리는 죄인이기 때문에 이렇게 물어야만 합니다. 하나님의 능력이 우리를 해방합니까, 아니면 우리를 정죄합니까? 바로 여기에 그리스도의 고난이 들어옵니다. 그리스도께서 우리의 정죄를 없애려고 죽으셨을 때, 우리가 죄의 권세로부터 해방되도록 그분은 강력한 하늘의 자비라는 수도꼭지를 여셨습니다.

바꾸어 말해, 우리가 하나님의 자비로 죄의 '권세'로부터 구조되려면 먼저 죄책과 하나님의 진노로부터 구조되어야 합니다. 이것을 신학적인 용어로 표현하자면, '의롭다 하심'(칭의)이 '거룩하게 하심'(성화)에 선행하며 전자가 후자를 보장합니다. 둘은 서로 다릅니다. 칭의는 즉각적인 선언이고(무죄!) 성화는 지속적인 변화입니다.

이제 그리스도를 믿는 사람에게 하나님의 능력은, 정죄하는 그분의 진노가 아니라 해방하는 그분의 자비로 나타납니다. 우리가 하나님의 성령을 통해 변화되도록 하나님이 우리에게 이 능력을 주십니다. 그래서 아름다운 "사랑과 희락과 화평과 오래 참음과 자비와 양선과 충성과 온유와 절제"를 가리켜 "성령의 열매"라고 합니다(갈 5:22-23). 이 때문에 성경이 놀라운 약속을 할 수 있습니다. "죄가 너희를 주장하지 못하리니 이는 너희가 법 아래에 있지 아니하고 은혜 아래에 있음이라"(롬 6:14). 우리는 "은혜 아래" 있기에 우리의 매정함을 (단숨에 파괴하는 게 아니라 점진적으로) 파괴하는 하나님의 전능한 능력을 갖게 됩니다. 우리의 이기심이 패배하는 과정에서, 우리는 수동적이지 않을 뿐더러 결정적 능력을 발휘하지도 않습니다. 하나님의 은혜가 그렇게 합니다. 그래서 바울은 이렇게 고백했습니다. "내가 모든 사도보다 더 많이 수고하였으나 내가 한 것이 아니요 오직 나와 함께 하신 하나님의 은혜로라"(고전 15:10). 모든 은혜의 하나님이 그리스도를 믿는 믿음으로 우리를 죄책과 죄의 종살이에서 자유롭게 하시길 소망합니다.

30

예수님이 오셔서 죽으신 이유

우리가 죄에 대해 죽고
의에 대해 살게 하기 위해

> 친히 나무에 달려 그 몸으로 우리 죄를 담당하셨으니
> 이는 우리로 죄에 대하여 죽고
> 의에 대하여 살게 하려 하심이라
> **베드로전서 2:24**

그리스도께서 우리 대신 우리 죄를 위해 죽으셨다는 것은 우리 자신이 죽었다는 말입니다. 대속물이 우리 대신 죽는다는 것은 우리가 죽음에서 벗어난다는 뜻과 같습니다. 우리는 죽음에서 벗어납니다. 다시 말해, 끝없는 비극이며 하나님과 분리되는 영원한 죽음에서 벗어납니다. 예수님은 "내가 그들에게 영생을 주노니 **영원히 멸망하지 아니할 것이요**"(요 10:28), "나를 믿는 자는 **영원히 죽지 아니하리니**"라고 하셨습니다(요 11:26). 예수님의 죽음은 참으로 "그를 믿는 자마다 **멸망하지 않고** 영생을 얻게" 합니다(요 3:16).

그러나 그리스도께서 우리 대신 우리 죄를 위해 죽으셨기 때문

에 우리가 죽었다는 말에는 또 다른 의미가 있습니다. "친히 나무에 달려 그 몸으로 우리 죄를 담당하셨으니 이는 우리로 … 죽고"(벧전 2:24). 그리스도께서는 우리가 살도록 죽으셨습니다. 또한 그리스도께서는 우리가 죽도록 죽으셨습니다. 그리스도께서 죽으실 때, 그리스도를 믿는 자로서 나도 그분과 함께 죽었습니다. 성경은 "우리가 그의 죽으심과 같은 모양으로 연합한 자"가 되었다고 분명하게 말합니다(롬 6:5). "한 사람이 모든 사람을 대신하여 죽었은즉 모든 사람이 죽은 것이라"(고후 5:14).

믿음은 이 심오한 방식으로 우리가 그리스도와 연합되었다는 증거입니다. 믿는 자들은 "그리스도와 함께 십자가에 못 박혔"습니다(갈 2:20). 우리는 그리스도의 죽음을 돌아보며, 하나님 안에서 우리도 그리스도와 함께 있었음을 알게 됩니다. 우리의 죄가 그리스도께 지워졌고, 우리가 마땅히 죽어야 했는데 그분 안에서 우리가 죽었습니다.

세례는 우리가 이렇게 그리스도와 함께 죽었음을 상징합니다. "우리가 그의 죽으심과 합하여 **세례를 받음으로** 그와 함께 장사되었나니"(롬 6:4). 물은 무덤과 같습니다. 물속으로 내려간다는 것은 죽음을 상징합니다. 물에서 올라온다는 것은 새 생명을 상징합니다. 이 모두는 하나님이 "믿음으로 말미암아" 하시는 일을 상징합니다. "너희가 세례로 그리스도와 함께 장사되고 또 죽은 자들 가운데서 그를 일으키신 하나님의 역사를 **믿음으로 말미암아** 그 안에서 함께 일으키심을 받았느니라"(골 2:12).

내가 그리스도와 함께 죽었다는 사실은 그분이 나의 죄를 위해 죽으셨다는 사실과 직접 연결됩니다. "우리 죄를 담당하셨으니 이는 **우리로 … 죽고**." 이는 우리가 예수님을 자신의 구주로 영접할 때 죄인인 나 자신의 죽음을 받아들인다는 뜻입니다. 나의 죄가 예수님을 무덤으로 이끌었고, 나를 그분과 함께 그곳으로 이끌었습니다. 믿음은 죄를 살인자로 봅니다. 죄가 예수님을 죽였고 나를 죽였습니다.

그러므로 그리스도인이 된다는 것은 죄에 대해 죽는다는 뜻입니다. 죄를 사랑하는 옛 사람이 예수님과 함께 죽었습니다. 이제 죄는 추한 창녀처럼 보입니다. 죄는 나의 왕과 나를 죽이는 살인자입니다. 그러므로 신자는 죄에 대해 죽었고 더는 죄의 매력에 휘둘리지 않습니다. 죄는 원수가 되었습니다.

나의 새 생명은 이제 의에 지배됩니다. "그 몸으로 우리 죄를 담당하셨으니 이는 우리로 … **의에 대하여 살게** 하려 하심이라"(벧전 2:24). 내 영혼이 나를 사랑하사 나를 위하여 자기 몸을 버리신 그리스도의 아름다움을 갈망합니다. 그분의 아름다움은 완전한 의입니다. 이제 내가 순종하기를 사모하는 명령은 이것입니다. "오직 너희 자신을 죽은 자 가운데서 다시 살아난 자 같이 하나님께 드리며 너희 지체를 의의 무기로 하나님께 드리라"(롬 6:13).

31

예수님이 오셔서 죽으신 이유

우리가 율법에 대해 죽고
하나님을 위해 열매를 맺게 하기 위해

> 너희도 그리스도의 몸으로 말미암아
> 율법에 대하여 죽임을 당하였으니
> 이는 다른 이 곧 죽은 자 가운데서 살아나신 이에게 가서
> 우리가 하나님을 위하여 열매를 맺게 하려 함이라
> **로마서 7:4**

그리스도께서 우리를 위해 죽으셨을 때 우리도 그분과 함께 죽었습니다. 하나님은 믿는 자를 그리스도께 연합된 자로 보십니다. 그리스도께서 우리의 죄를 위해 죽으신 것은 곧 우리가 그분 안에서 죽었다는 뜻입니다(30장을 보십시오). 그러나 죄가 예수님과 우리를 죽인 유일한 실체는 아닙니다. 하나님의 율법도 예수님과 우리를 죽였습니다. 우리가 죄를 지어 율법을 어길 때, 율법은 우리에게 사형선고를 내립니다. 율법이 없다면 형벌도 없을 것입니다. "율법이 없는 곳에는 범법도 없느니라"(롬 4:15). 그러나 "무릇 율법

이 말하는 바는 율법 아래에 있는 자들에게 말하는 것이니 이는 … 온 세상으로 하나님의 심판 아래에 있게 하려 함이라"(롬 3:19).

우리가 율법의 저주에서 벗어날 길은 없었습니다. 율법은 의롭습니다. 자유롭게 되는 길은 오직 하나뿐인데, 누군가 죗값을 치러야 합니다. 그래서 예수님이 오셨습니다. "그리스도께서 우리를 위하여 저주를 받은 바 되사 율법의 저주에서 우리를 속량하셨"습니다(갈 3:13). 그러므로 우리가 그리스도 안에 있으면 하나님의 율법이 우리를 정죄할 수 없습니다. 우리를 다스리던 율법의 권세가 이중으로 무너졌습니다. 첫째, 그리스도께서 우리를 대신해 율법의 요구를 성취하셨습니다. 그리스도께서 율법을 완벽하게 지키신 것은 곧 우리가 지킨 것으로 여겨집니다(11장을 보십시오). 둘째, 율법이 규정한 죗값이 그리스도의 피로 치러졌습니다.

이런 이유로, 성경은 분명하게 가르칩니다. 우리는 율법을 지킴으로써 하나님 앞에서 의로워지는 것이 아닙니다. "율법의 행위로 그의 앞에 의롭다 하심을 얻을 육체가 없나니"(롬 3:20). "사람이 의롭게 되는 것은 율법의 행위로 말미암음이 아니요"(갈 2:16). 율법을 지킴으로써 하나님 앞에서 의로워질 희망은 없습니다. 유일한 소망은 그리스도의 피와 의뿐이며, 이 의는 오직 믿음으로 우리의 것이 됩니다. "사람이 의롭다 하심을 얻는 것은 율법의 행위에 있지 않고 믿음으로 되는 줄 우리가 인정하노라"(롬 3:28).

우리가 하나님의 율법에 대해 죽었고 율법이 더는 우리의 주인이 아니라면, 우리는 어떻게 하나님을 기쁘게 할 수 있습니까? 율법이란 선하고 거룩한 하나님의 뜻이 표현된 것 아닙니까(롬 7:12)? 성경은 우리가 더는 요구하고 정죄하는 율법에 속하지 않고, 이제는 요구하고 주시는 그리스도께 속한다고 답합니다. 전에는 의가 돌판에 기록된 문자로 전해져 우리 밖에서 요구되었습니다. 그러나 이제는 의가 우리와 그리스도의 관계 안에 자리한 하나의 갈망으로 우리 안에서 솟아납니다. 그리스도께서는 현존하고 실재하십니다. 그리스도께서 그분의 성령으로 우리의 연약함을 도우십니다. 살아 있는 인격체가 죽은 목록을 대체했습니다. "율법 조문은 죽이는 것이요 영은 살리는 것이니라"(고후 3:6)(14장을 보십시오).

새로운 순종의 길은 율법을 지키는 게 아니라 '열매를 맺는 것'입니다. "너희도 그리스도의 몸으로 말미암아 율법에 대하여 죽임을 당하였으니 이는 다른 이 곧 죽은 자 가운데서 살아나신 이에게 가서 **우리가 하나님을 위하여 열매를 맺게 하려 함이라**"(롬 7:4). 우리가 '율법 준수'에 대해 죽은 것은 '열매 맺기'에 대해 살아 있기 위해서입니다. 열매는 나무에서 자연스럽게 자랍니다. 나무가 좋으면 열매도 좋습니다. 이때 나무는 우리와 예수 그리스도의 살아 있는 사랑의 관계입니다. 이를 위해 예수 그리스도께서 죽으셨습니다. 이제 그분이 우리에게 오라고 하십니다. "나를 믿으라." 그러니 사랑의 열매를 맺기 위해 율법에 대해 죽으십시오.

우리가 자신이 아닌
그리스도를 위해 살게 하기 위해

그가 모든 사람을 대신하여 죽으심은
살아 있는 자들로 하여금
다시는 그들 자신을 위하여 살지 않고
오직 그들을 대신하여 죽었다가
다시 살아나신 이를 위하여 살게 하려 함이라
고린도후서 5:15

그리스도께서는 자신을 높이려고 죽으셨습니다. 많은 사람이 이 말에 당혹스러워합니다. 고린도후서 5장 15절은 이 말의 본질을 제시하면서 우리가 그리스도를 위해 살도록 그리스도께서 우리를 위해 죽으셨다고 말합니다. 바꾸어 말하면, 그리스도께서는 우리가 그분을 중하게 여기도록 하기 위해 우리를 위해 죽으셨습니다. 이를 다시 간단히 표현하자면, 그리스도께서는 그리스도를 위해 죽으셨습니다.

사실입니다. 말장난이 아닙니다. 죄의 본질은 우리가 하나님을 영화롭게 하지 못했다는 것입니다. 여기에는 하나님의 아들을 영화롭게 하지 못한 것도 포함됩니다(롬 3:23). 그러나 그리스도께서 이 죄를 지고 우리를 이 죄에서 해방시키려고 죽으셨습니다. 즉, 그리스도께서는 우리가 우리 죄로 그분께 쌓은 수치를 당하려고 죽으셨습니다. 그분은 이것을 되돌리려고 죽으셨습니다. 그리스도께서는 그리스도의 영광을 위해 죽으셨습니다.

사람들이 이 말에 당혹스러워하는 이유는 공허하게 들리기 때문입니다. 이는 하기 좋은 일처럼 보이지 않습니다. 성경은 그리스도의 고난이 더없는 사랑의 행위라고 말하는데, 그리스도께서 자신의 영광을 위해 죽으셨다는 말은, 성경이 그리스도의 고난에 대해 말하는 바를 정반대로 바꾸는 것 같습니다. 그러나 둘 다입니다. 그리스도께서 자신의 영광을 위해 죽으셨다는 것과 사랑을 보여주려고 죽으셨다는 것은 둘 다 사실일 뿐만 아니라 '같은 것'입니다.

그리스도께서는 유일무이한 분이십니다. 다른 누구도 이렇게 행동하고 이를 사랑이라 부를 수 없습니다. 그리스도께서는 하나님이시기에 무한히 가치 있는 유일한 분이십니다. 그리스도의 도덕적 완전함은 무한히 아름답습니다. 그리스도께서는 무한히 지혜롭고 공의로우며 선하고 강하십니다. "이는 하나님의 영광의 광채시요 그 본체의 형상이시라"(히 1:3). 그리스도를 보고 그리스도를 아는 것이 온 세상을 얻는 것보다 만족스럽습니다.

그리스도를 가장 잘 아는 사람들은 이렇게 말했습니다.

"그러나 무엇이든지 내게 유익하던 것을 내가 그리스도를 위하여 다 해로 여길뿐더러 또한 모든 것을 해로 여김은 내 주 그리스도 예수를 아는 지식이 가장 고상하기 때문이라 내가 그를 위하여 모든 것을 잃어버리고 배설물로 여김은 그리스도를 얻고"(빌 3:7-8).

그리스도께서 우리가 그분을 위해 살게 하도록 죽으셨다는 말이 우리가 그분을 돕게 하려고 죽으셨다는 뜻은 아닙니다. "[하나님은] 무엇이 부족한 것처럼 사람의 손으로 섬김을 받으시는 것이 아니니"(행 17:25). 그리스도께서도 그러하십니다. "인자가 온 것은 **섬김을 받으려 함이 아니라** 도리어 섬기려 하고 자기 목숨을 많은 사람의 대속물로 주려 함이니라"(막 10:45).

그리스도께서는 우리가 그분을 돕게 하기 위해서가 아니라, 우리가 그분을 무한히 가치 있는 분으로 보고 누리게 하기 위해 죽으셨습니다. 그리스도께서는 우리가 유해한 즐거움에서 벗어나, 그분의 아름다움이 주는 즐거움에 사로잡히게 하기 위해 죽으셨습니다. 이렇게 우리는 사랑을 받고 그분은 높임을 받으십니다. 이 둘은 서로 경쟁하는 목표가 아닙니다. 둘은 하나입니다.

예수님은 제자들에게 자신이 떠나야 성령님, 곧 보혜사를 보낼 수 있다고 하셨습니다(요 16:7). 뒤이어 보혜사께서 오시면 무엇을 하실지 제자들에게 말씀하셨습니다. "그가 내 영광을 나타내리니"(요 16:14). 그리스도께서 죽으시고 부활하신 것은 우리가 그분을 보고 높이게 하기 위해서입니다. 이것이 세상에서 가장 큰 도움입니다. 이것이 사랑입니다. 예수님이 하신 더없는 사랑의 기도는 이것입니다. "아버지여 내게 주신 자도 나 있는 곳에 나와 함께 있어 아버지께서 창세 전부터 나를 사랑하시므로 내게 주신 나의 영광을 그들로 보게 하시기를 원하옵나이다"(요 17:24). 이를 위해 그리스도께서 죽으셨습니다. 우리에게 영원한 즐거움, 곧 자신을 주기 위해 고난받으셨습니다. 바로 이것이 사랑입니다.

33

십자가가 우리의 모든 자랑의
근거가 되게 하기 위해

> 그러나 내게는 우리 주 예수 그리스도의 십자가 외에
> 결코 자랑할 것이 없으니
> 그리스도로 말미암아
> 세상이 나를 대하여 십자가에 못 박히고
> 내가 또한 세상을 대하여 그러하니라
> **갈라디아서 6:14**

지나친 말처럼 들립니다. 십자가 외에 결코 자랑할 것이 없다고요? 정말입니까? 문자 그대로 "결코"(only) 십자가 외에 자랑할 것이 없습니까? 성경조차 자랑할 다른 것들을 말합니다. 하나님의 영광을 자랑합니다(롬 5:2, 개역개정은 "즐거워하느니라"로 번역함-역주). 우리가 당하는 환난을 자랑합니다(롬 5:3, 개역개정은 "즐거워하나니"로 번역함-역주). 우리의 약한 것들을 자랑합니다(고후 12:9). 그리스도의 사람들을 자랑합니다(살전 2:19).

그렇다면 여기서 "결코"(only)란 무슨 뜻입니까? 모든 자랑이 십

자가 안에서 하는 자랑이어야 한다는 뜻입니다. 우리가 영광의 소망을 자랑한다면, 그리스도의 십자가를 자랑하는 것이어야 합니다. 그리스도의 사람들을 자랑한다면, 십자가를 자랑하는 것이어야 합니다. 십자가 외에는 결코 자랑할 것이 없다는 말은, 오직 십자가만이 적법한 모든 자랑을 가능하게 하고, 적법한 자랑은 모두 십자가를 높여야 한다는 뜻입니다.

왜 그렇습니까? 모든 좋은 것을 (하나님이 좋게 바꾸시는 모든 나쁜 것까지도) 그리스도의 십자가가 우리를 위해 이루었기 때문입니다. 그리스도를 믿지 않으면 죄인들에게는 심판만 있을 뿐입니다. 물론 불신자에게도 즐거운 일이 많이 일어납니다. 그러나 성경은 가르칩니다. 살면서 받는 이러한 자연스러운 복이라도 그리스도의 고난에 감사하며 받지 않으면, 결국 더 가혹한 하나님의 심판을 초래할 뿐이라고 말입니다(롬 2:4-5).

우리가 그리스도를 믿는 사람으로서 누리는 것은 모두 그분의 죽음 덕분입니다. 그리스도의 고난이 죄인들이 마땅히 받아야 했던 모든 심판을 받았고, 용서받은 죄인들이 누리는 모든 좋은 것을 샀습니다. 그러므로 이 모든 자랑은 십자가를 자랑하는 것이어야 합니다. 하지만 우리는 마땅히 그래야 하는 만큼 그리스도 중심적이지 못하고 십자가를 소중히 여기지도 않습니다. 모든 좋은 것을 (하나님이 좋게 바꾸시는 모든 나쁜 것을 포함해) 그리스도의 고난이 샀다는 진리를 깊이 생각하지 않기 때문입니다.

우리는 어떻게 십자가에 철저히 초점을 맞출 수 있습니까? 그리스도께서 십자가에서 죽으실 때 우리도 죽었다는 진리를 깨우쳐야 합니다(31장을 보십시오). 사도 바울은 이런 일이 자신에게 일어났을 때 "세상이 나를 대하여 십자가에 못 박히고 내가 또한 세상을 대하여 그러하니라"고 했습니다(갈 6:14). 이것이 바로 그리스도를 중심에 두고 십자가를 자랑하는 비결입니다.

그리스도를 믿으면 세상의 강력한 매력이 사라집니다. 우리는 세상에 대해 죽었고 세상은 우리에 대해 죽었습니다. 다시 말해, 우리는 "새로 지으심을 받는 것"(갈 6:15, new creation, 새로운 피조물)입니다. 옛 사람은 죽고 새 사람, 곧 그리스도를 믿는 우리는 살아 있습니다. 이 믿음은 그리스도를 세상 모든 것보다 귀하게 여기는 것으로 드러납니다. 우리의 사랑을 빼앗으려는 세상의 능력은 죽었습니다.

세상에 대해 죽었다는 말은, 세상의 모든 합법한 즐거움이 우리에게는 그리스도의 사랑을 보여줄 피로 산 증거가 되고 십자가를 자랑할 기회가 된다는 뜻입니다. 우리의 마음이 복의 줄기를 따라 그 근원인 십자가로 돌아갈 때, 세상의 복은 죽고 십자가에 못 박히신 그리스도께서 우리의 전부가 되십니다.

34

예수님이 오셔서 죽으신 이유

우리가 그분을 믿음으로써 살게 하기 위해

> 내가 그리스도와 함께 십자가에 못 박혔나니
> 그런즉 이제는 내가 사는 것이 아니요
> 오직 내 안에 그리스도께서 사시는 것이라
> 이제 내가 육체 가운데 사는 것은
> 나를 사랑하사 나를 위하여 자기 자신을 버리신
> 하나님의 아들을 믿는 믿음 안에서 사는 것이라
> **갈라디아서 2:20**

갈라디아서 2장 20절에는 뚜렷한 역설이 있습니다. 이 구절은 "내가 … 십자가에 못 박혔나니"라고 말하면서도 "이제 내가 … 사는 것은[I now live, 이제 내가 살아 있다]"이라고 말합니다. 누군가는 이렇게 말할지도 모릅니다. "이것은 역설이 아니라 순차적일 뿐입니다. 먼저 나는 그리스도와 함께 죽었고, 그리스도와 함께 살아난 다음, 이제는 살아 있습니다." 맞습니다. 그러나 훨씬 역설적인 표현, 즉 "이제는 내가 사는 것이 아니요"라면서 "이제 … 내가 사는 것은"이라고 한 말은 어떻습니까? 나는 살아 있습니까, 아니면 살아 있지 않습니까?

역설은 모순이 아닙니다. 역설은 모순처럼 들릴 뿐입니다. 바울의 말은 '죽은 나'가 있고, '살아 있는 다른 나'가 있다는 뜻입니다. 이것이 그리스도인이 된다는 말의 뜻입니다. 옛 사람이 죽고, 새 사람이 '창조되거나' '일으킴'을 받습니다. "누구든지 그리스도 안에 있으면 새로운 피조물"입니다(고후 5:17). 하나님이 "허물로 죽은 우리를 그리스도와 함께 살리셨고 … 또 함께 **일으키**"셨습니다(엡 2:5-6).

그리스도께서 죽으신 목적은 우리의 "옛 사람"과 함께 무덤에 내려가 우리의 옛 사람을 끝장내는 것입니다. "우리가 알거니와 우리의 **옛 사람**이 예수와 함께 십자가에 못 박힌 것은 죄의 몸이 죽어"(롬 6:6). 우리가 그리스도를 믿으면 그분께 연합되고 하나님이 우리의 옛 사람이 그리스도와 함께 죽었다고 여기십니다. 그리고 목적대로 새 사람을 일으키십니다.

그러면 새 사람이란 누구입니까? 옛 사람과 새 사람은 어떻게 다릅니까? 나는 여전히 나입니까? 갈라디아서 2장 20절은 새 사람을 두 가지 방식으로 말합니다. 첫째, 새 사람이란 내 안에 그리스도께서 사시는 것입니다. "이제는 내가 사는 것이 아니요 오직 내 안에 그리스도께서 사시는 것이라." 저는 이 말씀을 새 사람이 언제나 그리스도의 임재와 도움으로 정의된다는 뜻으로 받아들입니다. 그리스도께서 언제나 내게 생명을 공급하십니다. 그리스도께서 언제나 내게 힘을 주어 그분이 내게 원하시는 일을 내가 하게 하십니다. 그래서 성경은 이렇게 말합니다. "내게 능력 주시는 자 안에서 내가 모든 것을 할 수 있느니라"(빌 4:13). "나도 내 속에서 능력으로 역사하시는 이의 역사를 따라 힘을 다하여 수고하노라"(골 1:29). 그러므로 모든 것을 고려할 때, 새 사람은 이렇게 말합니다. "그리스도께서 … 나를 통하여 역사하신 것 외에는 내가 감히 말하지 아니하노라"(롬 15:18).

이것이 갈라디아 2장 20절이 새 사람을 말하는 첫째 방식입니다. 새 사람이란 그리스도께서 내주하시고 유지하시며 힘을 주시는 나입니다. 그리스도께서 이렇게 하려고 죽으셨습니다. 그리스도인이란 바로 이런 사람입니다.

이 구절이 새 사람을 말하는 둘째 방식은 이것입니다. 새 사람은 순간순간 그리스도를 신뢰하며 삽니다. "이제 내가 육체 가운데 사는 것은 나를 사랑하사 나를 위하여 자기 자신을 버리신 하나님의 아들을 믿는 믿음 안에서 사는 것이라." 새 사람에 대한 둘째 설명이 없다면, 날마다 그리스도의 도움을 경험할 때 우리의 역할이 무엇인지 궁금할 것입니다. 이제 우리는 그 답을 압니다. 바로 믿음입니다. 하나님 편에서 보면, 그리스도께서 우리 안에 살아 계셔서, 우리가 그분이 가르치는 대로 살게 하십니다. 이것은 그리스도의 일입니다. 그러나 우리 편에서 보면, 우리는 순간순간 그리스도를 신뢰함으로써 그분이 우리와 함께하고 우리를 도우시는 것을 경험합니다. 그리스도께서 우리와 함께하고 우리가 이렇게 하도록 도우십니다. 우리가 이렇게 살도록 그분이 고난받고 죽으셨다는 사실이 그 증거입니다.

35

결혼에 더없이 깊은 의미를 부여하기 위해

남편들아 아내 사랑하기를
그리스도께서 교회를 사랑하시고
그 교회를 위하여 자신을 주심 같이 하라
에베소서 5:25

성경은 결혼을 향한 하나님의 계획을 보여줍니다. 그 계획은 그리스도께서 그분의 백성을 사랑하듯이 남편이 아내를 사랑하고, 그리스도의 백성이 그리스도께 반응하듯이 아내가 남편에게 반응하는 것입니다. 이 그림은 하나님이 그리스도를 세상에 보내실 때 그분의 마음에 있었습니다. 그리스도께서는 그분의 신부를 위해 오셨으며, 그 신부가 결혼을 본래 의도대로 보여주도록 죽으셨습니다.

비유의 핵심은 남편이 아내의 손에 고통당해야 한다는 게 아닙니다. 어떤 의미에서, 예수님께 이런 일이 일어났던 것은 사실입니다. 예수님은 한 백성, 곧 신부를 일으키려고 고난을 받으셨으며, 바로 이 백성 중에 어떤 사람들이 그분께 고난을 안겼습니다. 그분은 제자들에게 버림받고 크게 슬퍼하셨습니다(마 26:56). 그러나 비유의 핵심은 예수님이 죽기까지 이들을 사랑하고 버리지 않으셨다는 것입니다.

아담과 하와가 연합하기 전, 그리스도께서 세상에 오시기 전에 하나님이 결혼제도를 생각하셨습니다. 그리스도의 사도는 결혼의 신비를 설명하며 성경 첫머리로 돌아가 "남자가 부모를 떠나 그의 아내와 합하여 둘이 한 몸을 이룰지로다"라는 창세기 2장 24절 말씀을 인용합니다. 이어지는 문장에서 사도는 방금 인용한 구절을 해석했습니다. "이 비밀이 크도다 나는 그리스도와 교회에 대하여 말하노라"(엡 5:32). 다시 말해, 하나님은 결혼을 그리스도와 그분의 백성의 관계를 나타내려는 목적으로 태초에 계획하셨습니다. 결혼이 "신비"라 불리는 이유는 이러한 결혼의 목적이 그리스도께서 오시기 전에는 분명하게 계시되지 않았기 때문입니다. 이제 우리는 압니다. 결혼은 그분의 백성을 향한 그리스도의 사랑을 세상에 더욱 잘 드러내도록 계획되었습니다.

이것이 태초부터 하나님의 마음에 있었으므로 그리스도께서 죽음을 맞으실 때 그분의 마음에도 있었습니다. 그리스도께서는 더 없이 깊은 결혼의 의미를 분명하게 드러내는 것이, 자신의 고난이 미칠 수많은 영향 가운데 하나임을 아셨습니다. 그리스도의 모든 고난은 특히 남편들에게 주는 메시지였습니다. 그러나 하나님의 계획과 달리 많은 결혼이 비극을 경험하는 이유는 죄 때문입니다. 죄는 우리가 서로를 나쁘게 대하도록 만듭니다. 그리스도께서는 이것을 바꾸려고 고난받고 죽으셨습니다. 아내들도 이런 현실에 감당해야 할 책임이 있지만, 그리스도께서는 특별한 책임을 남편들에게 맡기십니다. 성경은 말합니다. "남편들아 아내 사랑하기를 그리스도께서 교회를 사랑하시고 그 교회를 위하여 자신을 주심 같이 하라"(엡 5:25).

남편이 그리스도는 아닙니다. 그러나 남편은 그리스도를 닮아야 합니다. 그 모습의 핵심은 남편이 아내를 위협하거나 학대하지 않고 아내를 위해 기꺼이 고난받는 것입니다. 여기에는 모든 외부의 위협으로부터 아내를 보호할 때 받는 고난뿐 아니라, 아내로부터 받는 실망이나 고난까지도 포함됩니다. 이러한 사랑이 어떻게 가능할까요? 그리스도께서 남편과 아내를 위해 죽으셨기 때문에 가능합니다. 이들의 죄가 용서되었습니다. 죄 때문에 배우자가 고난받게 할 필요도 없습니다. 그리스도께서 이 고난을 대신 받으셨습니다. 이제 죄 많고 용서받은 두 사람으로서, 우리는 악을 선으로 갚을 수 있습니다.

36

선한 일을 열심히 하는 백성을 일으키기 위해

> 그가 우리를 대신하여 자신을 주심은
> 모든 불법에서 우리를 속량하시고 우리를 깨끗하게 하사
> 선한 일을 열심히 하는 자기 백성이 되게 하려 하심이라
> 디도서 2:14

    기독교의 중심에 자리한 진리가 있습니다. 하나님이 우리를 용서하고 받아들이신 것은, 우리가 선한 일을 행했기 '때문'이 아니라 우리가 선한 일을 하고 또 열심히 하도록 하기 '위해서'입니다. 성경은 "하나님이 우리를 구원하사 거룩하신 소명으로 부르심은 우리의 행위대로 하심이 아니요"라고 말합니다(딤후 1:9). 선한 행위는 하나님이 우리를 받아들이신 근거가 아니라 그 '열매'입니다. 그리스도께서 고난받고 죽으신 것은 우리가 그분께 선한 행위를 드렸기 때문이 아닙니다. 그분은 "우리를 깨끗하게 하사 선한 일을 열심히 하는 자기 백성이 되게" 하기 위해 죽으셨습니다(딛 2:14).

이것이 은혜의 의미입니다. 우리는 자신의 행위로는 하나님 앞에 의로울 수 없습니다. 의롭다 하심은 값없이 받는 선물입니다. 우리는 믿음으로 의롭다 하심을 얻을 수 있으며, 이것을 우리의 큰 보화로 소중히 여겨야 합니다. 이런 까닭에 성경은 말합니다. "너희는 그 은혜에 의하여 믿음으로 말미암아 구원을 받았으니 이것은 너희에게서 난 것이 아니요 하나님의 선물이라 행위에서 난 것이 아니니 이는 누구든지 자랑하지 못하게 함이라"(엡 2:8-9). 그리스도께서 고난받고 죽으신 것은 선한 일이, 하나님이 우리를 받아들이시는 원인이 아닌 결과가 되게 하기 위해서입니다.

그러므로 사도 바울이 곧바로 "우리는 … 그리스도 예수 안에서 선한 일을 위하여 지으심을 받은 자"라고 말한 것은 놀랍지 않습니다(엡 2:10). 다시 말해, 우리는 선한 일을 '통해'(by) 구원받은 게 아니라 선한 일을 '위해'(for) 구원받았습니다. 그리고 그리스도의 목적은 단순히 선한 일을 하는 '능력'이 아니라 선한 일을 하려는 '열정'입니다. 이런 이유로 성경은 "열심"이란 단어를 사용합니다. 그리스도께서는 우리가 "선한 일을 **열심히**" 하게 하려고 죽으셨습니다. 열심은 열정을 뜻합니다. 그리스도께서 죽으신 것은 단지 선한 일을 가능하게 하거나 마지못해 하게 하려고가 아닙니다. 그리스도께서 죽으신 것은 우리 안에 선한 일을 하려는 '열정'을 일으키기 위해서입니다. 그리스도인의 정결은 단순히 악을 피하는 게 아니라 선을 추구하는 데 있습니다.

우리 안에 선한 일을 하려는 열정을 일으키려고 예수님이 무한한 값을 치르신 이유가 있습니다. "너희 빛이 사람 앞에 비치게 하여 그들로 너희 착한 행실을 보고 하늘에 계신 너희 아버지께 영광을 돌리게 하라"(마 5:16). 우리가 선한 일을 할 때 하나님이 영광을 받으십니다. 이 영광을 위해 예수님이 고난받고 죽으셨습니다.

하나님이 우리를 용서하고 받아들이셔서 우리를 두려움과 교만과 탐욕에서 자유롭게 하셨을 때, 우리 안에는 사랑받은 대로 다른 이들을 사랑하려는 열심이 가득해집니다. 우리는 그리스도 안에서 안전하기에 우리의 소유와 생명을 잃을 위험까지 감수합니다. 다른 이들을 이렇게 사랑할 때, 우리는 자신을 높이고 보호하려는 인간의 본성을 거스릅니다. 그대신 우리의 삶을 바꾸는 보화이며 우리의 안전이신 하나님께 주목합니다.

"선한 일"이란 무엇입니까? 성경은 그 범위를 제한하지 않지만 주로 도움이 필요한 사람들, 가진 게 가장 적고 가장 고통받는 사람들을 돕는 일을 말합니다. 성경은 이렇게 말합니다. "우리의 교우들도, 절실히 필요한 것을 마련하여 줄 수 있도록, 좋은 일을 하는 데에 전념하는 것을 배워야 합니다"(딛 3:14, 새번역). 그리스도께서는 우리가 가난한 사람들과 멸망을 향해 가는 사람들을 열심히 돕게 하려고 죽으셨습니다. 이 땅에서 어떤 대가를 치르든, 이것이 가장 좋은 삶입니다. 그들은 도움을 받고 우리는 기쁨을 얻으며 하나님이 영광을 받으십니다.

예수님이 오셔서 죽으신 이유

37

우리가 그분의 겸손과
값진 사랑을 본받게 하기 위해

부당하게 고난을 받아도 하나님을 생각함으로
슬픔을 참으면 이는 아름다우나 … 이를 위하여 너희가 부르심을 받았으니
그리스도도 너희를 위하여 고난을 받으사
너희에게 본을 끼쳐 그 자취를 따라오게 하려 하셨느니라
베드로전서 2:19–21

너희가 피곤하여 낙심하지 않기 위하여
죄인들이 이같이 자기에게 거역한 일을 참으신 이를 생각하라
너희가 죄와 싸우되 아직 피흘리기까지는 대항하지 아니하고
히브리서 12:3–4

너희 안에 이 마음을 품으라 곧 그리스도 예수의 마음이니
그는 근본 하나님의 본체시나
하나님과 동등됨을 취할 것으로 여기지 아니하시고
오히려 자기를 비워 종의 형체를 가지사 사람들과 같이 되셨고
사람의 모양으로 나타나사 자기를 낮추시고 죽기까지 복종하셨으니
곧 십자가에 죽으심이라
빌립보서 2:5–8

본받음이 구원은 아닙니다. 그러나 구원은 본받음을 낳습니다. 우리는 그리스도를 본보기가 아닌 구주로 먼저 받았습니다. 신자의 경험에서는, 그리스도의 용서가 먼저이고 그리스도의 모범은 다음입니다. 그리스도의 경험에서는, 둘이 함께 일어납니다. 우리의 죄를 사하는 고난이 우리에게 사랑의 모범을 제시합니다.

사실, 우리가 먼저 그리스도의 용서를 경험해야 그리스도께서 우리의 모범이 되실 수 있습니다. 그런데 이것은 틀린 말처럼 들립니다. 그리스도의 고난은 유일무이하기에 본받을 수 있는 게 아닙니다. 하나님의 아들 외에 그 누구도 그리스도처럼 '우리를 위해' 고난받을 수 없습니다. 그리스도께서는 그 누구도 할 수 없는 방식으로 우리의 죄를 지셨습니다. 그분은 대속하는 고난을 받으셨습니다. 우리는 이 고난을 절대로 똑같이 따라할 수 없습니다. 단번에(once for all) 일어난 이 고난은 불의한 자를 위해 의인이 받은 고난입니다. 하나님이신 그리스도께서 죄인들을 대신해 받으신 이 고난은 본받을 수 없습니다.

그러나 이 유일무이한 고난은 죄인들을 용서하고 의롭게 한 후 예수님처럼 행동하는 사람으로 변화시킵니다. 그분처럼 사랑하는 사람으로 변화시킵니다. 예수님처럼 다른 이들에게 선을 행하려고 고난받는 사람으로 변화시킵니다. 예수님처럼 악을 악으로 갚지 않는 사람으로 변화시킵니다. 예수님처럼 겸손하고 온유한 사람으로 변화시킵니다. 예수님처럼 오래 참는 사람으로 변화시킵니다.

예수님처럼 섬기는 사람으로 변화시킵니다. 예수님은 우리를 위해 유일무이하게 고난을 받으셨습니다. 우리가 사랑 때문에 그분과 함께 고난을 받게 하기 위해서입니다. 그리스도의 사도인 바울은 먼저 믿음으로 그리스도의 의에 참여하고, 뒤이어 사역에서 그리스도의 고난에 참여하는 것이 자신의 갈망이라고 했습니다. "그[그리스도] 안에서 발견되려 함이니 내가 가진 의는 율법에서 난 것이 아니요 오직 그리스도를 믿음으로 말미암은 것이니 … 그 고난에 참여함을 알고자 하여 그의 죽으심을 본받아"(빌 3:9-10).

의롭다 하심이 본받음에 선행하며 본받음을 가능하게 합니다. 우리가 의롭다 하심을 얻도록 그리스도께서 고난받으셨습니다. 그러므로 우리는 그리스도를 선포하다가 고난받을 수 있습니다. 우리가 다른 이들을 위해 고난받는다고 하나님의 진노가 제거되지는 않지만, 이러한 우리의 고난은 그리스도의 고난으로 하나님의 진노가 제거된 것이 얼마나 귀한지 보여줍니다. 우리의 고난은 사람들로 하여금 그리스도를 향하게 합니다.

바울은 "내가 택함받은 자들을 위하여 모든 것을 참음은 그들도 그리스도 예수 안에 있는 구원을 영원한 영광과 함께 받게 하려 함이라"고 말합니다(딤후 2:10). 이는 우리가 그리스도를 본받으면 사람들의 시선이 우리를 구원하실 수 있는 유일한 분을 향하게 된다는 뜻입니다. 오직 그리스도의 고난만이 우리를 구원합니다. 그러므로 그리스도의 사랑을 본받되 그분을 대신하지 마십시오.

예수님이 오셔서 죽으신 이유

38

십자가를 지고
그분을 따르는 자들을 일으키기 위해

아무든지 나를 따라오려거든 자기를 부인하고
날마다 제 십자가를 지고 나를 따를 것이니라
누가복음 9:23

또 자기 십자가를 지고 나를 따르지 않는 자도
내게 합당하지 아니하니라
마태복음 10:38

그리스도께서는 갈보리 길을 가는 동역자들을 일으키려고 죽으셨습니다. 갈보리는 예수님이 십자가에 못 박히신 언덕입니다. 그분은 자신의 인생길이 마침내 갈보리에 이르리라는 것을 아셨습니다. 사실, 그리스도께서는 그곳에 올라가기로 "굳게 결심"하셨습니다(눅 9:51). 죽어야 하는 예수님의 사명을 그 무엇도 막지 못했습니다. 그분은 이 일이 언제 어디서 일어나야 할지 아셨습니다. 예수님이 예루살렘을 향해 가실 때 헤롯왕이 그분을 죽이려 한다며 누군가가 그분께 경고했습니다. 그러나 예수님은 헤롯이 하나님의 계획을 막을 수 없다고 하셨습니다. "너희는 가서 저 여우에게 이르되 오늘과 내일은 내가 귀신을 쫓아내며 병을 고치다가 제삼일에는 완전하여지리라 하라"(눅 13:32). 모든 것이 계획대로 진행되고 있었습니다. 마침내 마지막이 다가오고 폭도가 예수님을 붙잡았을 때, 그분은 "이렇게 된 것은 다 선지자들의 글을 이루려 함이니라"고 하셨습니다(마 26:56).

어떤 의미에서, 갈보리 길은 모든 사람이 예수님을 만나는 곳입니다. 예수님은 이미 이 길을 걸으셨고 죽으셨으며 다시 살아나셨고 다시 오실 때까지 하늘에서 다스리고 계십니다. 그러나 그리스도께서는 오늘 한 사람을 만나실 때 언제나 갈보리 길, 곧 십자가로 향하는 길에서 만나십니다. 그리스도께서는 갈보리 길에서 누군가를 만나실 때마다 "아무든지 나를 따라오려거든 자기를 부인하고 날마다 제 십자가를 지고 나를 따를 것이니라"고 말씀하십니다(눅 9:23). 십자가로 향하실 때, 그분의 목적은 많은 신자가 자신을 따르게 하는 것이었습니다.

그 이유는 오늘 예수님이 다시 죽어야 하기 때문이 아니라 '우리가' 죽어야 하기 때문입니다. 예수님은 우리에게 자기 십자가를 지라고 하십니다. 즉, 와서 죽으라는 뜻입니다. 십자가는 참혹하게 처형당하는 자리였습니다. 예수님 당시에 십자가를 장신구로 착용한다는 것은 생각조차 할 수 없었습니다. 이는 마치 전기의자나 교수형 밧줄 모형을 착용하는 것과 같았습니다. 예수님의 말씀은 틀림없이 섬뜩하게 들렸을 것입니다. "자기 십자가를 지고 나를 따르지 않는 자도 내게 합당하지 아니하니라"(마 10:38).

지금도 이 말씀은 정신이 번쩍 들게 합니다. 이 말씀은 내가 예수님을 나의 구주이자 주님으로 따른다면, 독단적이고 자신에게만 몰두하는 예전의 내가 반드시 십자가에 못 박혀야 한다는 뜻입니다. 우리는 매일 자신이 죄에 대해 죽고 하나님께 대해 살아 있다고 여겨야 합니다. 이것이 생명의 길입니다. "너희도 너희 자신을 죄에 대하여는 죽은 자요 그리스도 예수 안에서 하나님께 대하여는 살아 있는 자로 여길지어다"(롬 6:11).

그런데 갈보리 길을 함께 걷는다는 것에는 더 많은 의미가 담겨 있습니다. 예수님은 그분이 받으신 치욕을 우리가 기꺼이 받게 하려고 죽으셨습니다. "예수도 … 성문 밖에서 고난을 받으셨느니라 그런즉 우리도 그의 치욕을 짊어지고 영문 밖으로 그에게 나아가자"(히 13:12-13). 치욕만이 아닙니다. 필요하다면 순교도 각오해야 합니다. "또 우리 형제들이 어린 양의 피와 자기들이 증언하는 말씀으로써 그를[사탄을] 이겼으니 그들은 죽기까지 자기들의 생명을 아끼지 아니하였도다"(계 12:11). 하나님의 어린양이 피를 흘리신 것은 우리가 그분의 피를 의지하고 우리의 피를 흘림으로써 마귀를 이기게 하기 위함입니다. 예수님은 우리를 갈보리 길로 부르십니다. 힘들지만 좋은 삶입니다. 이 길로 나아오십시오.

39

죽음의 두려움에 사로잡힌 우리를
자유롭게 하기 위해

자녀들은 혈과 육에 속하였으매
그도 또한 같은 모양으로 혈과 육을 함께 지니심은
죽음을 통하여 죽음의 세력을 잡은 자
곧 마귀를 멸하시며 또 죽기를 무서워하므로
한평생 매여 종 노릇 하는 모든 자들을 놓아 주려 하심이니
히브리서 2:14-15

예수님은 마귀를 살인자라 부르셨습니다. "그는 처음부터 살인한 자요 진리가 그 속에 없으므로 … 거짓말쟁이요 거짓의 아비가 되었음이라"(요 8:44). 그러나 마귀의 주 관심사는 살인이 아닙니다. 저주(지옥행)입니다. 사실, 마귀는 자신의 추종자들이 오래 행복하게 사는 것을 훨씬 좋아합니다. 고난받는 성도들을 조롱하고 지옥의 공포를 감추기 위해서입니다.

마귀가 사람들을 저주하는 능력은 그 자신에게 있는 것이 아니라 그가 부추기는 죄와 그가 쏟아내는 거짓말에 있습니다. 오직 용

서받지 못한 죄만이 그 사람을 지옥에 보낼 수 있습니다. 주문, 마법, 주술, 강령술, 저주, 흑마술, 환영, 환청 중에 어느 하나도 그 자체가 사람을 지옥에 보내지 못합니다. 이것들은 마귀의 매력적인 도구입니다. 마귀의 치명적 무기는 우리를 속이는 능력입니다. 마귀의 주된 거짓말은 우리 자신을 높이는 것이 그리스도를 높이는 것보다 바람직하고, 의보다 죄가 낫다는 것입니다. 이 무기를 마귀의 손에서 빼앗으면 마귀는 영원한 죽음의 권세를 잃습니다.

예수님이 이것을 하러 오셨습니다. 다시 말해, 마귀의 손에서 이 무기를 빼앗으러 오셨습니다. 이를 위해 그리스도께서 친히 우리의 죄를 지고 우리를 위해 고난받으셨습니다. 이 일이 일어났을 때, 마귀는 더 이상 우리의 죄를 이용해 우리를 멸망에 이르게 할 수 없었습니다. 마귀는 우리를 비웃을 수 있고 조롱할 수 있지만 우리를 저주할 수는 없습니다. 그리스도께서 우리 대신 저주를 받으셨습니다. 마귀는 제아무리 애써도 우리를 멸망에 이르게 할 수 없습니다. 하나님의 진노가 제거되었습니다. 하나님의 자비가 우리의 방패입니다. 우리를 향한 마귀의 공격은 성공할 수 없습니다.

이 구원을 성취하려고, 그리스도께서 인성, 곧 사람의 본성을 취하셔야 했습니다. 인성이 없으면 죽음을 경험할 수 없기 때문입니다. 오직 하나님 아들의 죽음만이 죽음의 세력을 잡은 자를 멸할 수 있습니다. 그래서 성경은 이렇게 말합니다. "자녀들은 혈과 육에 속하였으매[인성을 가졌으매] 그도 또한 같은 모양으로 혈과 육을 함께 지니심은[인성을 취하심은] 죽음을 통하여 죽음의 세력을 잡은 자 곧 마귀를 멸하시며"(히 2:14). 그리스도께서 우리의 죄를 위해 죽으셨을 때 마귀에게서 그의 치명적 무기, 곧 용서받지 못한 죄를 빼앗으셨습니다.

우리를 죽음의 두려움에서 해방하기 위해 그리스도께서 죽으셨습니다. 그리스도께서는 죽음으로써 "죽기를 무서워하므로 한평생 매여 종노릇 하는 모든 자들을" 해방하셨습니다(히 2:15). 죽음에 대한 두려움은 우리를 종으로 만듭니다. 죽음의 두려움은 우리를 소심하고 우둔하게 만듭니다. 예수님은 우리를 죽음의 두려움에서 해방하려고 죽으셨습니다. 자신을 희생하는 사랑의 행위가 죽음의 두려움을 멸할 때, 자신을 보존하겠다는 지루하고 거만한 삶이 끝납니다. 우리는 이제 자유롭기에 그리스도처럼 생명을 내어 놓기까지 사랑할 수 있습니다.

마귀가 우리의 몸은 죽일 수 있을지 몰라도 우리의 영혼을 죽일 수는 없습니다. 우리의 영혼은 그리스도 안에서 안전합니다. 우리의 죽을 몸도 어느 날 일으킴을 받을 것입니다. "예수를 죽은 자 가운데서 살리신 이의 영이 너희 안에 거하시면 그리스도 예수를 죽은 자 가운데서 살리신 이가 너희 안에 거하시는 그의 영으로 말미암아 너희 죽을 몸도 살리시리라"(롬 8:11). 우리는 모든 사람 중에서 가장 자유롭습니다. 성경은 이 자유가 무엇을 위한 것인지 분명하게 말합니다. "형제들아 너희가 자유를 위하여 부르심을 입었으나 그러나 그 자유로 육체의 기회를 삼지 말고 오직 사랑으로 서로 종 노릇 하라"(갈 5:13).

예수님이 오셔서 죽으신 이유

40

우리가 죽자마자
그분과 함께 있도록 하기 위해

예수께서 우리를 위하여 죽으사
우리로 하여금 깨어 있든지 자든지
자기와 함께 살게 하려 하셨느니라
데살로니가전서 5:10

이는 내게 사는 것이 그리스도니
죽는 것도 유익함이라…
내가 그 둘 사이에 끼었으니
차라리 세상을 떠나서 그리스도와 함께 있는 것이
훨씬 더 좋은 일이라 그렇게 하고 싶으나
빌립보서 1:21, 23

우리가 담대하여 원하는 바는
차라리 몸을 떠나 주와 함께 있는 그것이라
고린도후서 5:8

성경은 우리의 몸을 나쁘게 보지 않습니다. 고대 그리스 종교들은 몸을 기꺼이 벗어 버려야 할 짐으로 여겼지만, 기독교는 아닙니다. 죽음은 우리의 원수입니다. 우리의 몸이 죽을 때 우리는 소중한 것을 잃는 것입니다. 그리스도는 몸을 대적하지 않고 몸을 위하십니다. 성경은 이를 분명히 합니다. "몸은 음란을 위하여 있지 않고 오직 주를 위하여 있으며 **주는 몸을 위하여 계시느니라**"(고전 6:13). 참 멋지고 놀라운 선언이 아닙니까! 그러나 몸이 없으면 생명도 없고 의식도 없다고 말해서는 안 됩니다. 성경은 그렇게 가르치지 않습니다. 예수님이 죽으신 것은 몸을 구속하실 뿐 아니라, 영혼을 그분께 단단히 붙들어 매 우리가 몸 없이도 그분과 함께 있도록 하기 위해서입니다. 이것은 삶에서나 죽음에서나 큰 위로이며, 우리가 이 소망을 누리도록 그리스도께서 죽으셨습니다.

한편으로 성경은 죽어서 몸을 잃는 것을 가리켜 영혼이 옷을 벗는 것이라고 말합니다. "참으로 이 장막[몸]에 있는 우리가 짐진 것 같이 탄식하는 것은 벗고자 함이 아니요 오히려 덧입고자 함이니"(고후 5:4). 우리는 차라리 우리 몸이 무덤에 있는 중간기 없이 곧바로 부활한 몸으로 옮겨가길 바랍니다. 그러나 그리스도께서 하늘에서 다시 오실 때 살아 있는 신자들이 이를 경험할 것입니다.

다른 한편으로 성경은 우리의 영혼은 하늘에 있고 우리의 몸은 무덤에 있는 중간기를 아주 좋게 말합니다. 이것은 최종 영광이 아니지만 영광스럽습니다. 성경은 "사는 것이 그리스도니 죽는 것도 유익함이라"고 말합니다(빌 1:21). "유익함이라." 그렇습니다. 우리는 한동안 몸을 잃습니다. 어떤 의미에서 옷을 "벗습니다." 그러나 그 무엇보다 "유익"합니다. 왜 그렇습니까? 그리스도인에게 죽음이란 집으로 돌아가 그리스도와 함께하는 것이기 때문입니다. 사도 바울은 이렇게 말했습니다. "세상을 떠나서 그리스도와 함께 있는 것이 훨씬 더 좋은 일이라 그렇게 하고 싶으나"(빌 1:23).

그렇습니다. "훨씬 더 좋은 일"입니다. 그러나 아직 모든 면에서 가장 좋은 일은 아닙니다. 가장 좋은 일은 몸이 건강하고 영화롭게 일으킴을 받을 때 옵니다. 그렇더라도 이는 "훨씬 더 좋은 일"입니다. 우리는 더 친근하고 더 '집에 돌아온 것'(at home) 같은 방식으로 그리스도와 함께 있을 것입니다. 그래서 초기 신자들은 "우리가 담대하여 원하는 바는 차라리 몸을 떠나 주와 함께 있는(at home with the Lord) 그것이라"고 했습니다(고후 5:8). 그리스도를 믿는 사람들은 죽으면 더는 존재하지 않는 게 아닙니다. 일종의 '영혼의 잠'을 자는 게 아닙니다. 우리는 그리스도와 함께 있게 됩니다. '집에' 돌아가게 됩니다. 이것이 훨씬 더 좋고 유익한 일입니다.

이것이 그리스도께서 고난받은 중요한 이유 중 하나입니다. "예수께서 우리를 위하여 죽으사 우리로 하여금 깨어 있든지 자든지 자기와 함께 살게 하려 하셨느니라"(살전 5:10). 우리의 몸은 잠자는 것처럼 무덤에 누워 있습니다. 그러나 우리는 하늘에서 그리스도와 함께 삽니다. 이것이 우리의 마지막 소망은 아닙니다. 어느 날 몸이 일으킴을 받을 것입니다. 그러나 그때까지 그리스도와 함께 있다는 것은 말로 표현할 수 없이 소중합니다.

41

우리가 죽은 자 가운데서 부활한다는 것을 보증하기 위해

만일 우리가
그의 죽으심과 같은 모양으로 연합한 자가 되었으면
또한 그의 부활과 같은 모양으로 연합한 자도 되리라
로마서 6:5

예수를 죽은 자 가운데서 살리신 이의 영이 너희 안에 거하시면
그리스도 예수를 죽은 자 가운데서 살리신 이가
너희 안에 거하시는 그의 영으로 말미암아
너희 죽을 몸도 살리시리라
로마서 8:11

우리가 주와 함께 죽었으면 또한 함께 살 것이요
디모데후서 2:11

죽음의 열쇠가 그리스도의 무덤 안에 걸려 있었습니다. 그리스도께서는 무덤 밖에서 숱한 이적을 행하실 수 있었습니다. 예를 들면, 그분은 열두 살 소녀와 두 남자를 죽은 자 가운데서 살리셨습

니다(막 5:41-42; 눅 7:14-15; 요 11:43-44). 그러나 이들 모두 다시 죽었습니다. 누구라도 죽은 자 가운데서 살아나 다시 죽지 않으려면, 그리스도께서 이들을 위해 죽으시고 무덤에 들어가 열쇠를 취하셔서 무덤 안에서 죽음의 문을 여셔야 했습니다.

예수님의 부활은 하나님의 선물입니다. 그리고 예수님의 죽음이 하나님 백성의 죄를 완전히 지우고 하나님의 진노를 완전히 제거했다는 증거입니다. "이러므로"라는 단어에서 이를 확인할 수 있습니다. "[그리스도께서] 죽기까지 복종하셨으니 곧 십자가에 죽으심이라 이러므로 하나님이 그를 지극히 높여"(빌 2:8-9). 십자가에서 하나님의 아들이 "다 이루었다"라고 외치셨습니다(요 19:30). 부활을 통해, 성부 하나님이 "참으로 다 이루었다"라고 외치십니다. 우리의 죗값을 치르고 우리에게 의를 주며 하나님의 공의를 만족시키는 놀라운 일이 예수님의 죽음에서 다 이루어졌습니다.

그런 후 예수님은 무덤에서, 믿음으로 그분께 나오는 모두를 위해 죽음의 열쇠를 취해 문을 열 권리와 능력을 취하셨습니다. 죗값이 치러지고 의가 주어지며 공의가 만족되면 그 무엇도 그리스도나 그분의 백성을 무덤에 가두지 못합니다. 이런 이유로 예수님은 이렇게 외치십니다. "내가 전에 죽었었노라 볼지어다 이제 세세토록 살아 있어 사망과 음부의 열쇠를 가졌노니"(계 1:18).

성경에서 이 진리가 울려 퍼집니다. 예수님께 속한다는 것은 우리가 죽은 자 가운데서 그분과 함께 일으킴을 받는다는 것입니다.

"만일 우리가 그의 죽으심과 같은 모양으로 연합한 자가 되었으면 또한 그의 부활과 같은 모양으로 연합한 자도 되리라"(롬 6:5). "우리가 예수께서 죽으셨다가 다시 살아나심을 믿을진대 이와 같이 예수 안에서 자는 자들도 하나님이 그와 함께 데리고 오시리라"(살전 4:14). "하나님이 주를 다시 살리셨고 또한 그의 권능으로 우리를 다시 살리시리라"(고전 6:14).

그리스도의 죽음과 우리의 부활이 이렇게 연결됩니다. "사망이 쏘는 것은 죄요 죄의 권능은 율법이라"(고전 15:56). 우리는 모두 죄를 지었고 율법이 죄인들에게 영원한 죽음을 선고했습니다. 그러나 본문은 이렇게 이어집니다. "우리 주 예수 그리스도로 말미암아 우리에게 승리를 주시는 하나님께 감사하노니"(고전 15:57). 바꾸어 말하면, 예수님의 삶과 죽음이 율법의 요구를 충족했습니다. 이러므로 우리의 죄가 용서를 받았습니다. 이러므로 사망의 쏘는 것이 제거되었습니다. 이러므로 그리스도를 믿는 자들은 영원한 죽음을 선고받지 않습니다. "썩지 아니할 것으로 다시 살아나고 … 사망을 삼키고 이기리라고 기록된 말씀이 이루어"질 것입니다(고전 15:52, 54). 놀라운 일을 행하신 그리스도께 나오십시오. 그리스도께서 우리를 초대하십니다. "나는 부활이요 생명이니 나를 믿는 자는 죽어도 살겠고"(요 11:25).

예수님이 오셔서 죽으신 이유   **42**

통치자들과 권세들을 무력화하기 위해

우리를 거스르고 불리하게 하는 법조문으로 쓴 증서를
지우시고 제하여 버리사 십자가에 못 박으시고
통치자들과 권세들을 무력화하여 드러내어 구경거리로 삼으시고
십자가로 그들을 이기셨느니라
골로새서 2:14-15

하나님의 아들이 나타나신 것은
마귀의 일을 멸하려 하심이라
요한일서 3:8

    성경에서 "통치자들과 권세들"은 인간 정부를 가리킬 수 있습니다. 그러나 그리스도께서 십자가에서 "통치자들과 권세들을 무력화하여 드러내어 구경거리로 삼으시고 … 그들을 이기셨느니라"고 할 때, 우리는 세상을 괴롭히는 사탄의 세력을 생각해야 합니다. 에베소서 6장 12절은 이 악한 세력을 가장 분명하게 말하는 구절 가운데 하나입니다. 이 구절은 그리스도인의 "씨름은 혈과 육을 상

대하는 것이 아니요 **통치자들**과 **권세들**과 이 어둠의 세상 주관자들과 하늘에 있는 악의 영들을 상대함이라"고 말합니다.

사탄은 세 차례 "이 세상의 임금"이라 불립니다. 예수님은 죽음이 코앞에 닥친 시점에서 "이제 이 세상에 대한 심판이 이르렀으니 이 세상의 임금이 쫓겨나리라"고 하셨습니다(요 12:31). 예수님의 죽음은 "이 세상의 임금" 곧 사탄에게 결정적 패배를 안겼습니다. 사탄과 그의 타락한 천사들은 한패입니다. 그리스도께서 죽으셨을 때 이들 모두 결정적 패배의 한 방을 맞았습니다.

그렇다고 사탄과 그의 세력이 사라진 것은 아닙니다. 우리는 지금도 이들과 씨름합니다. 그러나 이들은 패배한 원수입니다. 우리는 최후 승리를 거둘 것을 압니다. 마치 큰 용이 머리가 잘린 채 피를 흘리며 죽을 때까지 몸부림치는 것 같습니다. 우리는 전쟁에서 승리했습니다. 하지만 그가 입힐 수 있을 상처를 여전히 조심해야 합니다.

예수님의 죽음 안에서, 하나님이 "우리를 거스르고 불리하게 하는 법조문으로 쓴 증서를 지우시고 제하여 버리사 십자가에 못 박으"셨습니다(골 2:14, 이 책의 7장을 보십시오). 이렇게 하나님이 "통치자들과 권세들을 무력화하여 드러내어 구경거리로 삼으"셨습니다(골 2:15). 바꾸어 말해, 그리스도께서 우리의 빚을 청산하셨기에 하나님의 율법이 더는 우리를 정죄할 수 없고, 사탄이 우리를 고발할 근거가 더 이상은 없습니다.

하나님의 백성을 고발하는 것은 사탄이 그리스도 앞에서 하는 큰일이었습니다. '사탄'이란 말 자체가 '적 또는 고발자'를 뜻합니다. 그러나 그리스도께서 죽으셨을 때 일어난 일에 귀 기울이십시오. 사도 요한은 이렇게 말합니다. "내가 또 들으니 하늘에 큰 음성이 있어 이르되 이제 우리 하나님의 구원과 능력과 나라와 또 그의 그리스도의 권세가 나타났으니 **우리 형제들을 참소하던 자**(accuser, 고발하던 자) 곧 우리 하나님 앞에서 밤낮 참소하던 자가 쫓겨났고"(계 12:10). 이것이 통치자들과 권세들의 패배이며, 무력화(무장해제)하는 것입니다.

이제 그리스도 안에서 하나님의 백성을 향한 그 어떤 고발도 성공할 수 없습니다. "누가 능히 하나님께서 택하신 자들을 고발하리요 의롭다 하신 이는 하나님이시니"(롬 8:33). 사람의 고발뿐 아니라 사탄의 고발도 성립할 수 없습니다. 소송이 종결되었습니다. 그리스도께서 우리의 의입니다. 우리를 고발하던 자는 무력화되었습니다. 그가 하늘 법정에서 말하려 한다면 수치를 당할 것입니다. 우리는 이 땅에서 아주 담대하고 자유롭게 그리스도를 섬기고 사람들을 사랑해야 합니다. 그리스도 안에 있는 사람에게는 정죄함이 없습니다. 그러므로 사탄의 유혹에 등을 돌립시다. 그의 약속은 거짓이며 그의 능력은 박탈되었습니다.

43

복음에 담긴 하나님의 능력이
발휘되도록 하기 위해

십자가의 도가
멸망하는 자들에게는 미련한 것이요
구원을 받는 우리에게는 하나님의 능력이라
고린도전서 1:18

내가 복음을 부끄러워하지 아니하노니
이 복음은 모든 믿는 자에게 구원을 주시는
하나님의 능력이 됨이라
먼저는 유대인에게요 그리고 헬라인에게로다
로마서 1:16

복음은 좋은 소식을 뜻합니다. '복음'은 신학이기 이전에 소식입니다. '소식'은 무언가 중요한 일이 일어났다고 알리는 것입니다. '좋은' 소식은 사람들을 행복하게 할 일이 일어났다는 알림입니다. 복음은 가장 좋은 소식입니다. 복음이 알리는 사실이 사람들을 영원히 행복하게 하기 때문입니다. 그리고 복음이 알리는 소식이란 그리스도의 죽음과 부활입니다. 사도 바울은 복음의 내용을 분명하게 말합니다.

> "내가 … 복음을 너희에게 알게 하노니 … 성경대로 그리스도께서 우리 죄를 위하여 죽으시고 장사 지낸 바 되셨다가 성경대로 사흘 만에 다시 살아나사 … 오백여 형제에게 일시에 보이셨나니 그 중에 지금까지 대다수는 살아 있고…"(고전 15:1-6).

복음의 핵심은 "그리스도께서 우리 죄를 위하여 죽으시고 장사 지낸 바 되셨다가 … 다시 살아나사 … 오백여 형제에게 일시에 보이셨다"는 것입니다. 바울은 이 증인들 가운데 다수가 여전히 살아 있다고 말합니다. 이것은 복음이 얼마나 사실에 기초하는지 보여 줍니다. 바울의 말은 당시 그의 서신을 읽은 사람들이 증인들을 찾아가 물을 수 있었다는 뜻입니다. 복음은 사실에 기초한 소식입니다. 사실은 검증될 수 있습니다. 예수님의 죽음과 장사와 부활하신 몸을 목격한 증인들이 있었습니다.

그런데 안타깝게도, 이 좋은 소식이 많은 사람에게 어리석어 보입니다. 바울은 이렇게 말했습니다. "십자가의 도가 멸망하는 자들에게는 미련한 것이요 구원을 받는 우리에게는 하나님의 능력이라"(고전 1:18). 그래서 이 능력이 드러나도록 그리스도께서 죽으셨습니다. "복음은 모든 믿는 자에게 구원을 주시는 하나님의 능력이 됨이라"(롬 1:16).

왜 그리스도의 죽음이 모두에게 좋은 소식으로 보이지 않을까요? 그리스도의 죽음을 믿으려면 먼저 그분의 죽음을 참되고 선한 것으로 보아야 합니다. 그러므로 우리는 이렇게 물어야 합니다. 왜 어떤 사람은 그리스도의 죽음을 참되고 선한 것으로 보고, 어떤 사람은 그러지 못합니까? 고린도후서 4장 4절에 한 대답이 있습니다. "이 세상의 신[사탄]이 믿지 아니하는 자들의 마음을 혼미하게 하여 그리스도의 영광의 복음의 광채가 비치지 못하게 함이니." 또 죄악된 인간 본성 자체가 참된 영적 진리에 대해 죽었기 때문입니다. "육에 속한 사람은 하나님의 성령의 일들을 받지 아니하나니 이는 그것들이 그에게는 어리석게 보임이요"(고전 2:14).

누구라도 복음을 참되고 선한 것으로 보려면 사탄이 일으키는 혼미함(blindness)과 육에 속해 죽은 상태(natural deadness)를 하나님의 능력으로 극복해야 합니다. 그래서 성경은 복음이 많은 사람에게 미련한 것이더라도 "부르심을 받은 자들에게는 … 그리스도는 하나님의 능력이요 하나님의 지혜니라"고 말합니다(고전 1:24). 이 "부르심"은 우리가 예수님을 참되고 선한 분으로 보도록 우리의 육에 속해 죽은 상태와 사탄이 일으킨 혼미함을 제거하려는 하나님의 자비로운 행위입니다. 그러므로 그리스도를 보십시오. 그리스도의 복음을 보고 받아들이게 해달라고 하나님께 구하십시오.

44

인종·민족 간의 적대감을 허물기 위해

> 그는 … 원수 된 것 곧 중간에 막힌 담을 자기 육체로 허시고
> 법조문으로 된 계명의 율법을 폐하셨으니
> 이는 이 둘로 자기 안에서 한 새 사람을 지어 화평하게 하시고
> 또 십자가로 이 둘을 한 몸으로 하나님과 화목하게 하려 하심이라
> 원수 된 것을 십자가로 소멸하시고
> 에베소서 2:14-16

신약 시대에 유대인과 이방인, 곧 비유대인은 서로를 의심하고 편견을 갖고 깎아내렸습니다. 이들의 태도는 우리 시대에 인종과 민족과 국가 사이에 팽배한 적대감만큼이나 심각했습니다. 이러한 적대감을 고스란히 드러내는 사건이 안디옥에서 게바(베드로)와 바울 사이에 일어났습니다. 바울은 이 사건을 이렇게 말합니다. "게바가 안디옥에 이르렀을 때에 책망 받을 일이 있기로 내가 그를 대면하여 책망하였노라 야고보에게서 온 어떤 이들이 이르기 전에 게바가 이방인과 함께 먹다가 그들이 오매 그가 할례자들을 두려

워하여 떠나 물러가매"(갈 2:11-12).

베드로는 예수 그리스도께서 주신 자유를 누리며 살고 있었습니다. 유대인 신자인 그는 비유대인 신자들과 함께 식사하고 있었습니다. 유대인과 비유대인을 나누는 벽이 허물어지고 적대감이 극복되었습니다. 그리스도께서 이것을 성취하려고 죽으셨습니다. 그런데 아주 보수적인 유대인들이 안디옥에 왔습니다. 게바는 어찌할 줄 몰랐습니다. 이들의 비난이 두려웠습니다. 그래서 이방인들과 교제하던 자리에서 슬그머니 꽁무니를 뺐습니다.

사도 바울이 이 일을 알았습니다. 그는 어떻게 했을까요? 현상을 유지하려 했을까요? 안디옥을 방문한 보수적인 유대인 신자들과 좀 더 자유로운 안디옥의 유대인 신자들 간에 평화를 지키려 했을까요? 바울이 취한 행동의 열쇠를 그의 말에서 찾을 수 있습니다. "나는 그들이 복음의 진리를 따라 바르게 행하지 아니함을 보고"(갈 2:14). 매우 중요한 진술입니다. 인종과 민족의 차별은 복음의 문제입니다. 게바가 두려워하며 민족의 경계를 넘는 교제에서 꽁무니를 뺀 것은 "복음의 진리를 따라 바르게 행하지 아니함"이었습니다. 그리스도께서 이 벽을 허물려고 죽으셨습니다. 그런데 게바는 이 벽을 다시 세우고 있었습니다.

그래서 바울은 현상을 유지하려 하거나, 복음을 부정하는 평화를 유지하려 하지 않았습니다. 그는 게바의 잘못을 공개적으로 지적했습니다. "모든 자 앞에서 게바에게 이르되 네가 유대인으로서 이방인[비유대인]을 따르고 유대인답게 살지 아니하면서 어찌하여 억지로 이방인을 유대인답게 살게 하려느냐"(갈 2:14). 바꾸어 말하면, 게바는 비유대인 신자들과 교제하다가 슬그머니 꽁무니를 뺌으로써 치명적인 메시지를 전했습니다. 이방인 신자들이 온전히 받아들여지려면 유대인처럼 되어야 한다는 메시지를 말입니다. 그러나 그리스도께서는 바로 이것을 허물려고 죽으셨습니다.

예수님은 모든 민족과 인종이 화해하는 전혀 새로운 길을 열려고 죽으셨습니다. 의식과 민족과 인종은 기쁨으로 함께하는 근거가 아닙니다. 근거는 오직 그리스도입니다. 그리스도께서 율법을 온전히 성취하셨습니다. 사람들을 나누는 율법의 모든 요소가 그리스도 안에서 끝났습니다. 하나만 빼고 말입니다. 그 하나는 바로 예수 그리스도의 복음입니다.

우리는 모든 종교가 동등한 가치를 가지며 함께할 수 있다고 말하면서 인종과 민족들 사이에 지속적인 일치를 이룰 수는 없습니다. 그리스도께서는 하나님의 아들이십니다. 하나님은 죄인들을 구원하고 인종과 민족들을 영원히 화해시키는 유일한 수단으로 그 아들을 세상에 보내셨습니다. 이를 부정한다면 영원한 소망뿐 아니라 인종과 민족들 간의 영원한 일치를 위한 기초 자체를 허무는 것입니다. 예수님이 십자가에서 죽으심으로써 지역을 뛰어넘는 하나의 세계가 성취되었습니다. 하나님과 사람 사이에 화해가 이루어졌습니다. 우리는 오직 이것을 발견하고 기뻐할 때 서로를 영원히 사랑하고 기뻐할 수 있습니다. 그리스도께서는 하나님과 인간의 화목 안에서 인종과 민족들 사이의 멀어짐을 극복하셨습니다.

45

예수님이 오셔서 죽으신 이유

각 족속과 방언과 백성 가운데서 사람들을 속량하기 위해

두루마리를 가지시고 그 인봉을 떼기에 합당하시도다
일찍이 죽임을 당하사
각 족속과 방언과 백성과 나라 가운데에서
사람들을 피로 사서 하나님께 드리시고
요한계시록 5:9

하늘에서 펼쳐지는 광경입니다. 사도 요한이 하나님의 손에서 미래를 얼핏 보았습니다. "내가 보매 보좌에 앉으신 이의 오른손에 두루마리가 있으니 … 일곱 인으로 봉하였더라"(계 5:1). 두루마리를 연다는 것은 세상 역사의 미래를 펼친다는 뜻입니다. 요한은 두루마리를 열 사람이 없는 것 같아 웁니다. 그때 하늘의 장로 중 하나가 말합니다. "울지 말라 유대 지파의 사자 다윗의 뿌리가 이겼으니 그 두루마리와 그 일곱 인을 떼시리라"(계 5:5). 이는 예수 그리스도, 곧 메시아를 가리킵니다. 그분은 자신의 죽음과 부활로 이

기셨습니다. 뒤이어 요한이 그분을 봅니다. "내가 또 보니 … 한 어린 양이 서 있는데 일찍이 죽임을 당한 것 같더라"(계 5:6).

뒤이어 보좌를 둘러선 하늘의 장로들이 엎드려 그리스도를 예배합니다. 이들이 새 노래를 부릅니다. 놀랍게도 그리스도께서는 그분의 죽음으로 인해 역사의 두루마리를 열기에 합당하신 분이라고 선언하는 노래입니다. 이는 역사에서 하나님의 목적이 성취되기 위해 그리스도의 죽음이 필수였음을 암시합니다. "그들이 새 노래를 불러 이르되 두루마리를 가지시고 그 인봉을 떼기에 합당하시도다 일찍이 죽임을 당하사 각 족속과 방언과 백성과 나라 가운데에서 사람들을 피로 사서 하나님께 드리시고"(계 5:9).

그리스도께서는 모든 민족을 구원하려고 죽으셨습니다. 죄는 문화를 가리지 않습니다. 모든 민족이 죄를 지었습니다. 모든 인종과 문화가 하나님과 화해해야 합니다. 죄라는 질병은 전 세계적이므로 치료도 전 세계적입니다. 예수님은 다가오는 고난의 십자가를 보며 자신의 목적이 어디까지인지 그 범위를 담대하게 말씀하셨습니다. "내가 땅에서 들리면 모든 사람을 내게로 이끌겠노라"(요 12:32). 그분은 자신의 죽음을 계획하실 때 세상을 품으셨습니다.

기독교는 동양(중동)에서 시작되어 오랜 세월에 걸쳐 서양으로 크게 이동했습니다. 그러나 이제 갈수록 기독교는 서양 종교가 아닙니다. 이것은 그리스도께 놀라운 일이 아닙니다. 이미 구약성경에서 그분이 온 세상에 영향을 미치리라고 예언되었습니다. "땅의 모든 끝이 여호와를 기억하고 돌아오며 모든 나라의 모든 족속이 주의 앞에 예배하리니"(시 22:27). "온 백성(nations)은 기쁘고 즐겁게 노래할지니"(시 67:4). 그래서 예수님은 지상 사역이 끝날 무렵 자신의 사명을 분명히 하셨습니다. "그리스도가 고난을 받고 제삼일에 죽은 자 가운데서 살아날 것과 또 그의 이름으로 죄 사함을 받게 하는 회개가 예루살렘에서 시작하여 **모든 족속**(all nations)에게 전파될 것이 기록되었으니"(눅 24:46-47). 예수님은 제자들에게 더없이 분명히 명하셨습니다. "그러므로 너희는 가서 **모든 민족**(all nations)을 제자로 삼아"(마 28:19).

예수 그리스도께서는 어느 한 부족의 신이 아니십니다. 그분은 한 문화나 한 인종에 속하지 않으십니다. 그분은 "세상 죄를 지고 가는 하나님의 어린 양"이십니다(요 1:29). "유대인이나 헬라인이나 [그 어떤 집단이라도] 차별이 없음이라 한 분이신 주께서 모든 사람의 주가 되사 그를 부르는 모든 사람에게 부요하시도다 누구든지 주의 이름을 부르는 자는 구원을 받으리라"(롬 10:12-13). 그분을 부르십시오. 그리고 구속받은 자들로 이루어진 전 세계적인 큰 나라에 속하십시오.

예수님이 오셔서 죽으신 이유

46

온 세상에서 그분의 양을
모두 불러 모으기 위해

[가야바의] 이 말은 스스로 함이 아니요 그 해의 대제사장이므로
예수께서 그 민족을 위하시고 또 그 민족만 위할 뿐 아니라
흩어진 하나님의 자녀를 모아 하나가 되게 하기 위하여
죽으실 것을 미리 말함이러라
요한복음 11:51-52

또 이 우리에 들지 아니한 다른 양들이 내게 있어
내가 인도하여야 할 터이니
그들도 내 음성을 듣고 한 무리가 되어 한 목자에게 있으리라
요한복음 10:16

나귀가 자신도 모르게 하나님을 대언했습니다(민 22:28). 전파자나 제사장도 그럴 수 있습니다. 이런 일이 가야바에게 일어났습니다. 가야바는 예수님이 재판을 받으실 때 이스라엘의 대제사장이었습니다. 그는 자신도 모르게, 이스라엘 지도자들에게 말했습니다. "한 사람이 백성을 위하여 죽어서 온 민족이 망하지 않게 되는

것이 너희에게 유익한 줄을 생각하지 아니하는도다"(요 11:50). 이 말은 이중적인 의미를 내포합니다. 가야바의 말은 로마인들이 유대 민족을 반역 혐의로 고발해 온 유대인이 해를 입는 것보다 예수님 한 사람의 죽음이 낫다는 뜻이었습니다. 그러나 하나님은 다른 의도를 갖고 계셨습니다. 그래서 성경은 이렇게 말합니다. "이 말은 스스로 함이 아니요 그 해의 대제사장이므로 예수께서 그 민족을 위하시고 또 그 민족만 위할 뿐 아니라 흩어진 하나님의 자녀를 모아 하나가 되게 하기 위하여 죽으실 것을 미리 말함이러라"(요 11:51-52).

예수님은 다른 비유로 같은 말씀을 하셨습니다. 예수님은 "흩어진 … 자녀" 대신 이스라엘의 우리에 들지 아니한 "양들"을 말씀하셨습니다. "또 이 우리에 들지 아니한 다른 양들이 내게 있어 내가 인도하여야 할 터이니 그들도 내 음성을 듣고 한 무리가 되어 한 목자에게 있으리라"(요 10:16).

이것을 말하는 두 가지 방식 다 놀랍습니다. 둘 다 예수 그리스도를 만나 구원받도록 하나님이 선택하신 사람들이 온 세상에 있다고 가르칩니다. "흩어진 하나님의 자녀"가 있습니다. "[유대인의] 우리에 들지 아니한 다른 양들"이 있습니다. 이는 하나님이 그분의 아들을 위해 한 백성을 매우 공격적으로 모으신다는 뜻입니다. 하나님은 자신의 백성에게 가서 제자 삼으라고 명하시지만 또한 친히 이들보다 먼저 가십니다. 그분께는 선택된 백성, 곧 그분의 사자들이 다가가기 전에 선택받은 백성이 있습니다. 그래서 예수님은 하나님이 이미 그분의 백성을 삼으셔서 그리스도께 인도하신 회심자들에 관해 말씀하십니다. "아버지께서 내게 주시는 자는 다 내게로 올 것이요 내게 오는 자는 내가 결코 내쫓지 아니하리라 … 그들은 아버지의 것이었는데 내게 주셨으며"(요 6:37; 17:6).

놀랍게도 하나님은 세상 모든 민족을 내려다보시고, 자신을 위해 한 무리를 부르시며, 뒤이어 그리스도의 이름으로 선교사들을 보내시고, 자신이 택한 자들이 복음을 듣도록 인도하시며, 이들을 구원하십니다. 다른 방법으로는 구원받을 수 없습니다. 선교는 필수입니다. "양은 그의 음성을 듣나니 그가 자기 양의 이름을 각각 불러 인도하여 내느니라 … 양들이 그의 음성을 아는 고로 따라오되"(요 10:3-4).

양들이 그분의 음성을 듣고 생명을 얻도록 예수님이 고난받고 죽으셨습니다. 가야바는 자신도 모르게 이것을 말했습니다. "예수께서 그 민족을 위하시고 또 그 민족만 위할 뿐 아니라 흩어진 하나님의 자녀를 모아 하나가 되게 하기 위하여 죽으실 것을 미리 말함이러라"(요 11:51-52). 예수님은 양들을 모으려고 생명을 버리셨습니다. 예수님은 자신의 피로 자비를 사셨고, 그 자비로 인해 예수님의 양들이 그분의 음성을 분명하게 알 수 있습니다. 하나님이 그 자비를 우리에게 베푸셔서 우리도 듣고 생명을 얻게 되기를 기도합니다.

예수님이 오셔서 죽으신 이유

47

우리를 마지막 심판에서 구해내기 위해

이와 같이 그리스도도 많은 사람의 죄를 담당하시려고
단번에 드리신 바 되셨고 구원에 이르게 하기 위하여
죄와 상관 없이 자기를 바라는 자들에게
두 번째 나타나시리라
히브리서 9:28

    기독교의 구원 개념은 과거, 현재, 미래와 연결됩니다. 성경은 "너희는 그 은혜에 의하여 믿음으로 말미암아 **구원을 받았으니**"라고 말합니다(엡 2:8). 성경은 복음이 "**구원을 받는**(being saved) 우리에게는" 하나님의 능력이라고 말합니다(고전 1:18). 성경은 또한 "**이제 우리의 구원이** 처음 믿을 때**보다 가까웠음이라**"고 말합니다(롬 13:11). 우리는 구원받았습니다. 우리는 구원받고 있습니다. 우리는 구원받을 것입니다.

    모든 단계에서 우리는 그리스도의 죽음으로 구원받습니다. 과거에, 그리스도께서 우리의 죗값을 단번에 치르셨습니다. 우리는 오직 믿음으로 의롭게 되었습니다. 현재에, 그리스도의 죽음이 성령님의 능력으로 우리를 죄의 지배와 오염으로부터 점진적으로 구원하실 것을 보증합니다. 미래에, 그리스도께서 십자가에서 흘리신 피가 우리를 하나님의 진노로부터 보호하고 완전함과 기쁨에 이르게 할 것입니다.

진짜 심판이 다가옵니다. 성경은 "오직 무서운 마음으로 심판을 기다리는 것과 대적하는 자를 태울 맹렬한 불"에 관해 말합니다(히 10:27). 성경은 우리에게 "경건함과 두려움으로" 살라면서 "우리 하나님은 소멸하는 불이심이라"고 말합니다(히 12:28-29). 세례 요한은 당시 사람들에게 "임박한 진노를 피하라"고 경고했습니다(마 3:7). 그 이유는 이렇습니다. "주 예수께서 자기의 능력의 천사들과 함께 하늘로부터 불꽃 가운데에 나타나실 때에 하나님을 모르는 자들과 우리 주 예수의 복음에 복종하지 않는 자들에게 형벌을 내리시리니 이런 자들은 주의 얼굴과 그의 힘의 영광을 떠나 영원한 멸망의 형벌을 받으리로다"(살후 1:7-9).

어떤 그림은 이러한 하나님의 마지막 진노를 매우 끔찍하게 묘사합니다. 아이러니하게도 '사랑의 사도'인 요한이 지옥을 가장 생생하게 묘사합니다. 그리스도를 거부하고 다른 대상에게 충성하는 자들은 "하나님의 진노의 포도주를 마시리니 그 진노의 잔에 섞인 것이 없이 부은 포도주라 거룩한 천사들 앞과 어린 양 앞에서 불과

유황으로 고난을 받으리니 그 고난의 연기가 세세토록 올라가리로다 … 밤낮 쉼을 얻지 못하리라"(계 14:10-11).

미래에 나타날 하나님의 진노에 어느 정도 두려움을 느끼지 않는다면, 그리스도께서 미래에 행하실 구원 사역이 얼마나 달콤한지 알지 못할 것입니다. "[하나님이] 죽은 자들 가운데서 다시 살리신 그의 아들이 하늘로부터 강림하실 것을 너희가 어떻게 기다리는지를 말하니 이는 장래의 노하심에서 우리를 건지시는 예수시니라"(살전 1:10). 오직 예수 그리스도만이 우리를 장래의 노하심에서 구원하실 수 있습니다. 그분이 없으면 우리는 영원히 쓸려 내려갈 것입니다.

그런데 그리스도께서는 마지막에 우리를 구원하실 때 그분의 피를 근거로 구원하실 것입니다. "그리스도도 많은 사람의 죄를 담당하시려고 단번에 드리신 바 되셨고 구원에 이르게 하기 위하여 죄와 상관 없이[죄를 처리하기 위해서가 아니라] 자기를 바라는 자들에게 두 번째 나타나시리라"(히 9:28). 죄는 단번에 처리되었습니다. 새로운 제사는 필요 없습니다. 우리가 미래의 진노("장래의 노하심")에서 보호될 것은 그리스도께서 우리 대신 고난받으신 것만큼이나 확실합니다. 그러니 십자가로 인해 미래의 은혜를 기뻐하십시오.

예수님이 오셔서 죽으신 이유

48

그분의 기쁨과 우리의 기쁨을 얻기 위해

그는 그 앞에 있는 기쁨을 위하여 십자가를 참으사
부끄러움을 개의치 아니하시더니
하나님 보좌 우편에 앉으셨느니라
히브리서 12:2

    기쁨에 이르는 길은 힘듭니다. 그 길은 우리뿐만 아니라 예수님께도 힘들었습니다. 예수님은 그 길을 가셨기에 목숨을 잃으셨습니다. 우리도 그 길을 가면 목숨을 잃을지 모릅니다. 예수님은 "앞에 있는 기쁨을 위하여 십자가를 참으"셨습니다. 십자가의 고난이 먼저였고 천국의 환희는 다음이었습니다. 다른 길은 없었습니다.
    예수님 앞에 있었던 기쁨은 정도가 다양했습니다. 그것은 그분의 아버지와 다시 연합하는 기쁨이었습니다. "주의 앞에는 충만한 기쁨이 있고 주의 오른쪽에는 영원한 즐거움이 있나이다"(시 16:11). 그것은 죄를 이기는 기쁨이었습니다. "죄를 정결하게 하는 일을 하시고 높은 곳에 계신 지극히 크신 이의 우편에 앉으셨느니라"(히 1:3). 그것은 신적 권리가 회복되는 기쁨이었습니다. "하나님 보좌 우편에 앉으셨느니라"(히 12:2). 그것은 그분이 위해서 죽으신 모든 사람에게 둘러싸여 찬양받는 기쁨이었습니다. "죄인 한 사람이 회개하면 하늘에서는 회개할 것 없는 의인 아흔아홉으로 말미암아 기뻐하는 것보다 더하리라"(눅 15:7). 수많은 죄인이 회개할 때는 말할 것도 없습니다.

우리는 어떻습니까? 그분은 기쁨에 들어가신 다음 우리를 비참한 처지에 버려두셨습니까? 아닙니다. 그분은 죽으시기 전 자신의 기쁨과 우리의 기쁨을 연결하셨습니다. 그분은 이렇게 말씀하셨습니다. "내가 이것을 너희에게 이름은 내 기쁨이 너희 안에 있어 너희 기쁨을 충만하게 하려 함이라"(요 15:11). 그분은 자신의 기쁨이 무엇인지 아셨고, 그래서 "내 기쁨이 너희 안에 있어"라고 하셨습니다. 예수님을 믿는 우리는 유한한 피조물이 경험할 수 있는 최고 수준에서 예수님의 기쁨으로 기뻐할 것입니다.

그러나 그 길은 힘듭니다. 예수님은 우리에게 경고하셨습니다. "세상에서는 너희가 환난을 당하"리라(요 16:33). "제자가 그 선생보다, 또는 종이 그 상전보다 높지 못하나니 제자가 그 선생 같고 종이 그 상전 같으면 족하도다 집 주인을 바알세불이라 하였거든 하물며 그 집 사람들이랴"(마 10:24-25). "너희 중의 몇을 죽이게 하겠고 또 너희가 내 이름으로 말미암아 모든 사람에게 미움을 받을 것이"다(눅 21:16-17). 이것이 예수님이 걸으신 길이며 기쁨에 이르는 길입니다. 이 길을 가면 그분의 기쁨이 우리 안에 있어 우리의 기쁨이 충만할 것입니다.

그리스도께서 기쁨을 소망하셨기에 십자가를 견디실 수 있었듯이, 우리도 기쁨을 소망할 때 그분과 함께 고난받을 힘을 얻습니다. 예수님은 "나로 말미암아 너희를 욕하고 박해하고 거짓으로 너희를 거슬러 모든 악한 말을 할 때에는 너희에게 복이 있나니 기뻐하고 즐거워하라 하늘에서 너희의 상이 큼이라"고 하시며(마 5:11-12) 바로 이것을 위해 우리를 준비시키셨습니다. 우리가 받을 상은 하나님의 아들이 그분의 아버지 안에서 누리시는 바로 그 기쁨으로 아버지를 기뻐하는 것입니다.

예수님이 기꺼이 죽지 않으셨다면 그분도 우리도 영원히 기뻐할 수 없었습니다. 그러면 예수님은 불순종하신 것이 되고, 우리는 우리 죄 가운데 죽었을 것입니다. 그분의 기쁨과 우리의 기쁨이 십자가에서 성취되었습니다. 이제 우리는 그분을 따라 사랑의 길을 갑니다. 우리에게 "현재의 고난은 장차 우리에게 나타날 영광과 비교할 수 없"습니다(롬 8:18). 우리는 그분과 함께 치욕을 당합니다. 그러나 쇠하지 않는 기쁨이 있습니다. 우리는 사랑이 요구하는 그 어떤 위험이라도 견딜 것입니다. 영웅적인 힘으로 이겨내는 게 아니라 "저녁에는 울음이 깃들일지라도 아침에는 기쁨이 오리로다"라는(시 30:5) 소망이 주는 능력으로 이겨낼 것입니다.

예수님이 오셔서 죽으신 이유

영광과 존귀로 관을 쓰기 위해

> 죽음의 고난 받으심으로 말미암아
> 영광과 존귀로 관을 쓰신 예수를 보니
> **히브리서 2:9**

> 오히려 자기를 비워
> 종의 형체를 가지사 사람들과 같이 되셨고
> 사람의 모양으로 나타나사 자기를 낮추시고
> 죽기까지 복종하셨으니 곧 십자가에 죽으심이라
> 이러므로 하나님이 그를 지극히 높여
> 모든 이름 위에 뛰어난 이름을 주사
> **빌립보서 2:7-9**

> 죽임을 당하신 어린 양은 능력과 부와 지혜와
> 힘과 존귀와 영광과 찬송을 받으시기에 합당하도다
> **요한계시록 5:12**

십자가에 달리시기 전날 밤, 예수님은 그분께 닥칠 일을 아시고 이렇게 기도하셨습니다. "아버지여 창세 전에 내가 아버지와 함께 가졌던 영화로써 지금도 아버지와 함께 나를 영화롭게 하옵소서"(요 17:5). 그리고 그분의 기도대로 되었습니다. 예수님은 "죽음의 고난 받으심으로 말미암아 영광과 존귀로 관을 쓰셨"습니다(히 2:9). 예수님이 받으신 영광은 그분이 겪으신 고난에 대한 상이었습니다. 예수님은 "죽기까지 복종하셨으니 … **이러므로** 하나님이 그를 지극히 높여 모든 이름 위에 뛰어난 이름을 주셨"습니다(빌 2:8-9). 어린양께서는 다름 아닌 죽임당했기 **때문에** "존귀와 영광과 찬송을 받으시기에 합당"하십니다(계 5:12).

예수 그리스도의 수난은 단순히 면류관에 선행한 게 아니었습니다. 예수 그리스도의 수난은 값이었고 면류관은 상이었습니다. 그분은 이 상을 받으려고 죽으셨습니다.

많은 사람이 이 지점에서 걸려 넘어집니다. 그들은 이렇게 말합니다. "어떻게 이것이 사랑일 수 있습니까? 예수님이 자신의 영광을 얻겠다는 동기에서 고난받고 죽으셨다면, 어떻게 우리에게 기쁨을 주겠다는 동기에서 고난받고 죽으셨다고 할 수 있습니까? 언제부터 허영이 덕이었단 말입니까?" 좋은 질문입니다. 성경은 이 질문에 놀랍게 답합니다.

이 질문의 답은 큰 사랑이 실제로 무엇인지 배우는 데 있습니다. 대다수는 '사랑받는다는 것'은 소중히 여겨지는 것으로 생각합니다. 온 세상이 이렇게 생각하는 것 같습니다. 누군가를 사랑할 때 우리는 그 사람을 소중히 여깁니다. 그 사람이 스스로를 좋게 느끼도록 돕습니다. 그 사람의 기쁨의 원천이 바로 그 자신이라는 듯 말입니다.

  그러나 사랑은 그 이상입니다. 성경을 찾아보지 않아도 알 수 있습니다. 우리가 가장 행복한 순간은 자신에게 몰두한 순간이 아니라 자신을 잊는 순간입니다. 우리는 그랜드 캐니언 앞에 서 있거나 킬리만자로산 기슭에 서 있거나 사하라 너머로 해가 지는 아름다운 광경을 보고 있을 때, 순전한 경이로움에서 비롯된 기쁨을 느낀 적이 있습니다. 우리는 이 기쁨을 위해 지어졌습니다. 낙원은 거울의 방이 아닙니다. 낙원은 장엄함이 펼쳐지는 곳입니다. 그리고 이는 우리 자신의 장엄함이 아닐 것입니다.

  이것이 사실이고, 그리스도께서 온 우주에서 가장 위엄이 넘치는 존재시라면, 우리를 향한 그분의 사랑은 어떤 모습일까요? 틀림없이 우리를 높이는 방식이 아닐 것입니다. 그리고 우리를 높이는 사랑이 우리의 영혼을 만족시키지도 못할 것입니다. 우리는 훨씬 더 큰 것을 위해 지어졌습니다.

  우리가 최대로 행복하려면 가장 영광스러운 분, 곧 예수 그리스도를 보고 또 맛보아야 합니다. 다시 말해, 예수님이 우리를 사랑하려면 그분이 자신의 충만한 영광을 구해야 하고, 그 영광을 우리에게 주어 누리게 하셔야 한다는 뜻입니다. 이런 이유로 예수님은 죽기 전날 밤에 이렇게 기도하셨습니다. "아버지여 내게 주신 자도 나 있는 곳에 나와 함께 있어 … 나의 영광을 그들로 보게 하시기를 원하옵나이다"(요 17:24). 이것이 바로 사랑입니다. "나의 영광을 그들로 보게 하시기를 원하옵나이다." 예수님이 자신의 충만한 영광을 다시 얻으려고 죽으셨을 때, 그분은 우리의 기쁨을 위해 죽으신 것입니다. 사랑은 어떤 희생이 따르더라도 사람들로 그들을 가장 만족시키실 분, 곧 예수 그리스도께 사로잡히도록 돕는 수고입니다. 예수님은 이렇게 사랑하십니다.

50

하나님이 가장 악한 것이라도
선으로 바꾸신다는 것을 보여주기 위해

> 과연 헤롯과 본디오 빌라도는
> 이방인과 이스라엘 백성과 합세하여
> 하나님께서 기름 부으신 거룩한 종 예수를 거슬러
> 하나님의 권능과 뜻대로 이루려고
> 예정하신 그것을 행하려고 이 성에 모였나이다
> **사도행전 4:27-28**

고난과 악에 관해 할 수 있는 가장 심오한 말은, 하나님이 예수 그리스도 안에서 그것을 선으로 바꾸셨다는 말입니다. 악의 기원은 신비의 영역입니다. 성경은 우리가 가고 싶어 하는 곳까지 우리를 데려가지 않습니다. 오히려 "감추어진 일은 우리 하나님 여호와께 속하였"다고 말합니다(신 29:29).

성경의 핵심은 악이 어디에서 왔는지 설명하는 게 아니라, 하나님이 어떻게 악을 영원한 의와 기쁨으로 바꾸시는지 보여주는 것입니다. 성경에는 메시아께서 이렇게 하시리라는 암시가 줄곧 나타납니다. 야곱의 아들 요셉은 애굽에 노예로 팔렸습니다. 그는 17년간 버림받은 것처럼 보였습니다. 그러나 하나님이 그 시간 속에 계셨고 그를 애굽의 통치자로 세우셨습니다. 큰 기근이 닥칠 때, 요셉이 자신을 팔아넘긴 바로 그 사람들을 구원하도록 하기 위해서였습니다. 이야기는 요셉이 형들에게 하는 말로 요약됩니다. "당신들은 나를 해하려 하였으나 하나님은 그것을 선으로 바꾸사"(창 50:20). 요셉은 구원하기 위해 버림받으신 예수 그리스도를 예표했습니다. 또 이스라엘 백성을 생각해 보십시오. 본디 하나님이 이스라엘의 유일한 왕이셨습니다. 그러나 그들은 반역해 인간 왕을 요구했습니다. "아니로소이다 우리도 우리 왕이 있어야 하리니"(삼상 8:19). 나중에는 이렇게 고백했습니다. "우리가 우리의 모든 죄에 왕을 구하는 악을 더하였나이다"(삼상 12:19). 그러나 하나님이 그 가운데 계셨습니다. 하나님이 그리스도를 이 왕들의 후손으로 세상에 보내셨습니다. 이렇듯 죄 없는 그리스도께서는 죄인들을 구원하러 이 땅에 오실 때 죄인들의 후손으로 오셨습니다.

그러나 가장 놀라운 점은 그리스도께서 '고난과 악'에 승리하도록 지정된 방식이 바로 그 '고난과 악'이었다는 사실입니다. 예수님을 향한 모든 배신과 잔혹함은 죄였고 악이었습니다. 그러나 하나님이 그 안에 계셨습니다. 성경은 "그가[그리스도께서] 하나님께서 정하신 뜻과 미리 아신 대로 내준 바 되었"다고 말합니다(행 2:23). 그분은 등에 채찍을 맞았고, 머리에 가시관을 썼으며, 얼굴에 침 뱉음을 당했고, 얼굴이 온통 멍들었으며, 양손에 못이 박혔고, 옆구리는 창에 찔렸으며, 통치자들에게 비웃음을 샀고, 친구들에게 배신당했으며, 제자들에게 버림받으셨습니다. 이 모두가 죄의 결과였고, 하나님이 죄의 권세를 멸하려고 계획하신 일이었습니다. "헤롯과 본디오 빌라도는 이방인과 이스라엘 백성과 합세하여 … 하나님의 권능과 뜻대로 이루려고 예정하신 그것을 행하려고 이 성에 모였나이다"(행 4:27-28).

하나님의 아들을 미워하고 죽이는 것보다 더 큰 죄는 없습니다. 그리스도의 고난과 결백보다 더 큰 고난과 결백은 없습니다. 그러나 하나님이 그 모든 것 안에 계셨습니다. "여호와께서 그에게 상함을 받게 하시기를 원하사"(사 53:10). 하나님의 목적은, 악과 고난을 통해 악과 고난을 멸하시는 것이었습니다. "그가 채찍에 맞으므로 우리는 나음을 받았도다"(사 53:5). 이것이 예수님이 오셔서 죽으신 이유입니다. 하나님은 이것을 세상에 보여주려 하셨습니다. 세상에 하나님이 영원한 의와 기쁨을 도출하실 수 없을 만큼 큰 죄와 악은 없습니다. 우리가 일으킨 바로 그 고난이 우리의 구원의 소망이 되었습니다. "아버지 저들을 사하여 주옵소서 자기들이 하는 것을 알지 못함이니이다"(눅 23:34).

기도

하늘에 계신 아버지, 예수님의 이름으로 구합니다. 이 책의 참된 부분은 이 책을 읽는 이들의 마음에 새겨주시고, 거짓된 부분이 있다면 모조리 지워주십시오. 누구도 그리스도께 걸려 넘어지지 않게 해 주십시오. 누구도 그리스도의 신성이나 비할 데 없는 고난에 화내지 않게 해주십시오. 누구도 예수님이 오셔서 죽으신 이유를 거부하지 않기를 구합니다. 많은 이들이 인내하며 이 진리를 깊이 생각하기를 구합니다. 이들에게 놀라운 이해와 통찰을 주시기를 구합니다.

영원한 것들에 눈을 감는 무관심의 안개가 걷히고 천국과 지옥의 실재가 분명해지기를 구합니다. 예수님이 역사의 중심이시라는 사실이 분명해지고, 그분의 죽음을 역사에서 일어난 가장 중요한 사건으로 보기를 구합니다. 우리가 진리의 바람이 수정처럼 맑게 부는 영원의 벼랑을 따라 걸을 수 있게 해주십시오.

아버지께서는 예수님의 죽음에 더없이 고귀한 목적을 담으셨는데, 우리의 관심이 거기서 멀어지지 않기를 구합니다. 우리 모두 그분의 죽음에 가담했습니다. 그러나 핵심은 아버지의 계획과 행동입니다. 하나님, 우리의 눈을 열어 그 어떤 인간이 아니라 당신께서 친히 예수님의 죽음을 계획하셨다는 것을 보게 해주십시오. 이 놀라운 시선에서, 자비와 소망이 넘치는 주님의 목적이 끝없이 펼쳐지는 파노라마를 보게 해주십시오.

아버지께서 놀라운 진리를 계시해 주셨습니다. "그리스도 예수께서 죄인을 구원하시려고 세상에 임하셨"습니다(딤전 1:15). 예수님은 죽음을 통해 이 일을 이루셨습니다. "성경대로 그리스도께서 우리 죄를 위하여 죽으"셨습니다(고전 15:3). 주님의 거룩함이 요구하는 기준은 고사하고 우리의 양심이 요구하는 기준도 충족하지 못하는 우리 같은 사람들에게 이보다 놀라운 메시지가 있겠습니까?

그러므로 자비로운 아버지, 이 책을 읽는 모두가 자신에게 진정 무엇이 필요한지 보고 예수님의 죽음에서 아버지의 완전한 공급을 보게 해주십시오. 제가 이렇게 기도하는 것은 아버지의 아들이 하신 약속 때문입니다. "하나님이 세상을 이처럼 사랑하사 독생자를 주셨으니 이는 그를 믿는 자마다 멸망하지 않고 영생을 얻게 하려 하심이라"(요 3:16).

자비로우신 예수님의 이름으로 기도합니다. 아멘.

성경의 역사적 신빙성을 다룬 책

Craig L. Blomberg, *The Historical Reliability of the Gospels* (Downers Grove, Ill.: InterVarsity Press, 1987); 크레이그 L. 블롬버그, 『복음서의 역사적 신빙성』, 안재형 역(솔로몬, 2005).

Paul Copan 편집, *Will the Real Jesus Please Stand Up? A Debate Between William Lane Craig and John Dominic Crossan* (Grand Rapids, Mich.: Baker, 1999); 폴 코팬, 『진짜 예수는 일어나 주시겠습니까?』, 유기쁨, 방원일 역(누멘, 2010).

Paul Copan과 Ronald K. Tacelli 편집, *Jesus' Resurrection: Fact or Figment? A Debate Between William Lane Craig and Gerd Ludemann* (Downers Grove, Ill.: InterVarsity Press, 2000).

William Lane Craig, *The Son Rises: The Historical Evidence for the Resurrection of Jesus* (Eugene, Ore.: Wipf & Stock, 2001).

Gary R. Habermas, *The Historical Jesus: Ancient Evidence for the Life of Christ* (Joplin, Mo.: College Press, 1996).

Michael J. Wilkins와 J. P. Moreland 편집, *Jesus Under Fire: Modern Scholarship Reinvents the Historical Jesus* (Grand Rapids, Mich.: Zondervan, 1996).

사명선언문

너희가 흠이 없고 순전하여……세상에서 그들 가운데 빛들로
나타내며 생명의 말씀을 밝혀 _ 빌 2:15-16

1. 생명을 담겠습니다
만드는 책에 주님 주신 생명을 담겠습니다.
그 책으로 복음을 선포하겠습니다.

2. 말씀을 밝히겠습니다
생명의 근본은 말씀입니다.
말씀을 밝혀 성도와 교회의 성장을 돕겠습니다.

3. 빛이 되겠습니다
시대와 영혼의 어두움을 밝혀 주님 앞으로 이끄는
빛이 되는 책을 만들겠습니다.

4. 순전히 행하겠습니다
책을 만들고 전하는 일과 경영하는 일에 부끄러움이 없는
정직함으로 행하겠습니다.

5. 끝까지 전파하겠습니다
모든 사람에게, 땅 끝까지, 주님 오시는 그날까지
복음을 전하는 사명을 다하겠습니다.

서점 안내

광화문점 서울시 종로구 새문안로 69 구세군회관 1층
02)737-2288 / 02)737-4623(F)

강남점 서울시 서초구 신반포로 177 반포쇼핑타운 3동 2층
02)595-1211 / 02)595-3549(F)

구로점 서울시 동작구 시흥대로 602, 3층 302호
02)858-8744 / 02)838-0653(F)

노원점 서울시 노원구 동일로 1366 삼봉빌딩 지하 1층
02)938-7979 / 02)3391-6169(F)

일산점 경기도 고양시 일산서구 중앙로 1391 레이크타운 지하 1층
031)916-8787 / 031)916-8788(F)

의정부점 경기도 의정부시 청사로47번길 12 성산타워 3층
031)845-0600 / 031)852-6930(F)

인터넷서점 www.lifebook.co.kr